評伝 孫《ソン》基禎《キジョン》

Son Ki-jeong

スポーツは国境を越えて心をつなぐ

寺島善一 著

평전 손기정 스포츠는 국경을 넘어 마음을 이어준다

社会評論社

私は長い間、政治の世界で働いてきた。政治的取り決めは、一夜にして反故《ほご》にされたことがあった。しかし、スポーツの世界で培った友情と信頼は失われたことがない。この核の時代において、スポーツは人類最大の希望である。

フィリップ・ノエル・ベーカー

英国　一九二〇年アントワープ五輪、千五百メートル銀メダリスト

一九五九年ノーベル平和賞受賞

評伝　孫基禎　スポーツは国境を越えて心をつなぐ　＊目次＊

はじめに

東京オリンピック・パラリンピックが二〇二〇年に開催される。オリンピックは言うまでもなく、「スポーツによる青年の教育であり、相互理解、友好連帯を促進する平和運動」である。世界のオリンピック運動の統括組織であるＩＯＣは、ピエール・ド・クーベルタン男爵が提唱したこの理念に賛同した世界中のスポーツ団体・選手たちの集まりである。オリンピック憲章に著される思想（Olympism）を確信し、行動している人々の運動体でもある。ＩＯＣに加盟するどの国も、その憲章を尊重し、順守することが義務づけられている。

だがオリンピックは、この理念を逸脱して国威発揚であるとか、メダル獲得合戦の体をなしていることが多い。しかも商業資本のベースに乗ると、メディア、特にテレビの放映権料を手にする放送産業やスポンサー企業の介入を許し、選手主体のオリンピックでなくなり、巨額の利益を生み出すための華美な祭典となってしまった。

オリンピックは、オリンピズムを追求する「運動」であって、単なるスポーツの総合的な世界大会ではなく、巨万の富を叩き出すイベントでもないはずである。

他方、今日の日韓関係は冷え切っている。それは、一九一〇年に始まる植民地支配のもとで、日本がいかなる政策を取り、朝鮮の人びとにどのような苦難を強いてきたのかという歴史認識について、「歴史修正主義[註1]」と言われるような潮流が、民族の尊厳を傷つけ歴史に逆行する事態を引き起こしているからである。

多くの朝鮮人女性が従軍慰安婦として戦地に送られ、徴用工が厳しい労働に駆り立てられた歴史の事実は消し去ることができない。そして孫基禎（ソン・キジョン）は、日本による植民地支配下の一九三六年ベルリンオリンピックのマラソン競技に、日本代表選手として出場することを余儀なくされた。表彰に至る過程と、ゴールドメダルに輝いたその後においても、さまざまな差別と迫害、弾圧が加えられた。帝国主義日本の植民地支配における、人間としての尊厳を損なう数々の出来事が、どれほどの苦しみをもたらしたかは疑う余地もない。

事実を歪曲したり隠蔽したりする歴史修正主義に対して、我々は歴史の事実をしっかり直視し、そこに存在する問題を認識しなければならない。

一九八五年、ドイツのヴァイツゼッカー大統領（当時）は、第二次世界大戦終結後四十周年の演説でこう述べた。

「過去に目を閉ざす者は、結局のところ、現在にも目を閉ざすことになる。非人間的な行為を記憶しようとしない者は、再び（非人間的な行為に）汚染される危険に陥りやすいのである」

ナチスドイツが犯した罪を率直に認めて謝罪したこの演説は感銘を与え、新しいヨーロッパ社会がこれを受け入れた。演説の最終センテンスでは「若い人にお願いしたい。他人への敵意や憎悪に駆り立てられてはならない。対立ではなく、お互いに手を取り合って生きてゆくことを学んでほしい。平和のために力を尽くそう」と呼びかけている。

孫基禎は、その苦難の体験にもかかわらず、一九四五年植民地からの解放・独立以降は、日本人に怨念を持つこともなく、スポーツを通した日韓の交流に全力を注いできた。そしてスポーツで相互理解を促進させる孫基禎の活動は、二〇〇二年サッカー・ワールドカップ日韓共催に開花した。孫基禎の一連の思想と行動は、韓国人としての「恨《ハン》」の感情を止揚したものであろうが、それのみにとどまらない。

「オリンピックは、五輪の輪が象徴するように、世界の五大陸の連帯を象徴している。残念ながら、未だにアフリカ大陸でオリンピックは開催されていない。オリンピックゲームの収入等による資金で、何とか〝アフリカ大陸〟でオリンピックを開催できるように援助をしよう(註2)」と、視野を大きくアジア、世界へと広げてきた。

クーベルタン男爵の提唱したオリンピズム（Olympism）とは何か、それは日韓関係にどのように投影させられるのか。孫基禎の生涯をたどることにより、二〇二〇年東京五輪の理念を構築してゆきたいと切に願うものである。

（註1）歴史修正主義とは、歴史学によって客観的に確定した事実を無視し、過去の出来事を都合良く解釈したり、歪曲または捏造して、それが歴史だ主張する考え方や立場。ナチスによるホロコーストの否定や、日中戦争における南京事件が存在しなかったとするような主張がこれに当たる。日韓関係においては、従軍慰安婦や徴用工についての歴史事実を歪め、日本の責任を曖昧にして韓国・朝鮮との間に摩擦と対立をもたらしている。

（註2）"Olympic Solidarity" と言われるもので、スポーツ文化の「南北問題」を直視し、発展途上の「南」の国に、スポーツ文化をもたらすことが出来るように、「北」の国から、援助の手を差し伸べようという運動である。内容は体育・スポーツ施設の建設、指導者の養成、学校体育の充実に対する環境整備など多岐にわたる。

プロローグ　オリンピズムと孫基禎

スタディオン（競技場）に入る石のアーチ（オリンピア遺跡）

二〇一八年二月十八日、平昌オリンピック、スピードスケート競技女子五百メートル。小平奈緒は、自身のレースで打ち立てた五輪記録で沸き返る観客席に向かって、人差し指を口に当て、次のレースで滑る李相花（イ・サンファ）のスタートに向けて、静かにしてほしいとサインを出した。

その李相花の滑りは小平の記録に及ばず、オリンピック三連覇を逃した。李相花の目から涙があふれ出た。しかし彼女の健闘をたたえた観客席から、「イ・サン・ファ」コールが沸き起こった。李相花は太極旗を持って、リンクを回り始めた。その時、小平は李相花に駆け寄り、「チャレッソ（よくやったね）今もリスペクト（尊敬）しているよ」と声をかけた。李は「あなたを誇りに思う」と答えた。李相花は、小平にしがみついて泣いた。

二人は良きライバルとして、しのぎを削る関係を続けてきた。ライバルとは「敵」のことではない。自分を高めてくれる「尊敬すべき仲間」のことである。オリンピックが勝利至上主義に侵され、国威発揚の場として利用されつつある中で、小平奈緒と李相花が平昌のリンクで見せたこの行為は、真の意味での「オリンピック精神」を実感させるものだった。スポーツを通して国際相互理解と友好連帯を促進するというオリンピズムの理念の、究極のシーンが現れたのである。

ペンシルバニア司教とクーベルタン男爵

オリンピックが最初に開催された一八九六年以来、オリンピックにおいては、しばしばアメリカと英国の間で勝利を追求するためのむき出しの争いがあった。一九〇八年ロンドン五輪の時、ペンシルバニア司教はセントポール寺院の日曜礼拝で、英・米の対立を憂え、後のオリンピック運動のキーワードになる含蓄のある説教を行っている。

七月二十四日の閉会式の後に開かれた晩餐会の席上、クーベルタンは、そのペンシルバニア司教の説教を引用して次のようにスピーチした。

「ペンシルバニア司教の述べられたことは誠に至言である。オリンピックにおいて重要なことは、勝つことではなくて参加することである。人生において重要なことは、成功することではなく、努力することである。最も大事なことは、相手を打ち負かしたということではなくて、よりよく戦ったかどうかにある。このような教えを広めることによって一層強固な、しかもより慎重にしてより寛大な人間を作り上げることができる」

この言葉は、後にオリンピズムの原点と言われるようになった。今では前半の部分ばかりがオリンピック精神として紹介されているが、重要なことは後段部分で、「人生において重要なことは、成功することではなく努力することである。最も大事なことは、相手を打ち負かしたということではなくて、よりよく戦ったかどうかにある」という言葉である。

アントワープ五輪陸上千五百メートル銀メダリストで、世界の軍縮運動に励んで、一九五九年のノーベル平和賞を受賞した、英国のフィリップ・ノエル・ベーカー卿（Lord Philip Noel Baker）（一八八九―一九八二）は、「私は長年、政治の世界で働いてきたが、政治的取り決めは、一夜にして反故にされたことが多くある。しかし、スポーツの世界で培った友情・信頼は失われたことがない」と発言し、最後に「この核の時代において、スポーツは人類の最高の希望である」と結んでいる。

またノエル・ベーカーは生前、彼とともに英国のオリンピックムーブメントを支えてきた英国オリンピックアカデミー会長のドナルド・アントニー博士（Dr. Donald W.J. Anthony MBE）に、「私は長い人生で、スポーツと平和について何回も何回も同じことを繰り返し言ってきただけである」とも語っている。洋の東西を問わず、スポーツにまつわる真理は普遍である。私はここに紹介したこれらの言葉と、平昌五輪に見た小平・李の姿にオリンピックの真髄（Olympism）があると考える。

そして日本の植民地支配下に生まれ、「日の丸」を胸につけて表彰台に立ったゴールドメダリスト孫基禎のことを想起せざるを得ない。

孫基禎とオリンピズム

日本統治下(註3)の選手としてベルリン五輪に出場した孫基禎の数々の体験は、その後の彼の人生を決定づけた。陸軍軍人による人種差別を糾弾し、孫基禎をかばった大島鎌吉。自らの勝利にとらわれず、孫基禎に親切なアドバイスを送った英国人選手アーネスト・ハーパー。人種差別の苦しみを共有したジェシー・オーエンス。これらの人たちとの出会いと出来事は、孫基禎にスポーツと平和、奪われた祖国と民族（人種）差別について深く考えさせるものとなったに違いない。

陸上百メートル、二百メートル、走り幅跳び、四×百メートルリレーを制したアメリカ黒人のジェシー・オーエンスと、五輪の華であるマラソン優勝の朝鮮人ランナー孫基禎、――二人はアーリア人の優位を喧伝するためにヒットラーが企画したベルリン五輪のもくろみを、ものの見事に打ち砕いた。

孫基禎はこのオーエンスと、生涯の友としての交流を続けてきた。「いま、一過性の優勝で我々はもてはやされているが、母国へ帰ればまた差別が待っている。お互いに差別に負けないで頑張ろう」と固く誓い合ったという。差別に負けずに、ひたすら自己を研ぎ澄まし、研鑽した者同士だからこそ生まれた連帯感であり信頼感であった。

また孫基禎は、一九四五年の植民地支配からの解放後も、大島鎌吉のみならず、ベルリン五輪に一緒に参加した日本人陸上競技選手の田島直人、村社《むらこそ》講平などとの交流を続け、その友情は生涯続いた。スポーツで築き上げた友情は、国境を越えていつまでも不変であると互いに確信していたのである。

孫基禎もノエル・ベーカーも、自分のスポーツ人生をふり返って最終的には同じ境地に立っていたであろう。孫基禎は高邁な演説ではなく朴訥とした会話の中で、ノエル・ベーカーは世界政治の表舞台である国連やIOC総会、ユネスコの演説で、「スポーツ」や「オリンピック」の本質を、ずばり的確に指摘した。

孫基禎はその長い人生の中で培った、オリンピズムに繋がるスポーツマンシップとは何か、社会におけるスポーツの価値とは何かということを考え続けた。究極においてそれは、「スポーツマン相互の尊敬、信頼、友情」にあると確信した。勝利至上主義がはびこるスポーツの世界で、自らオリンピック優勝というその頂点を極めた孫基禎が、「スポーツの意義は、その競技でトップに立つことではなく友情・信頼、相互の尊厳にある」と言う。その言葉は深く重い。

まさに孫基禎は、ペンシルバニア司教とクーベルタン男爵の演説の本質を理解し、そのもとで生き抜いたのである。

（註3）一九一〇年の韓国併合から一九四五年の日本敗戦までの三十五年間、日本は朝鮮半島を植民地支配した。朝鮮総督府による統治の下、朝鮮の人びとに自治は許されず憲法もなかった。教育や官吏任用などで差別され、言論と思想信条の自由、集会や結社の自由も奪われた。皇民化教育と創氏改名が推進された。強圧的な政治に対して、次第に民族自決の機運が高まり、一九一九年三・一独立運動が起きた。一九四〇年、第二次世界大戦に突入すると、労働力を補うための徴用や慰安婦の徴用が行われ、未だ解決されない問題として残されている。

一九四五年、日本の無条件降伏とともに植民地支配は終わったが、日本軍の撤退と入れ替わりに、南にアメリカ軍、北にソ連軍が進駐した。その分断が固定化され、一九四八年に大韓民国と朝鮮民主主義人民共和国という二つの分割国家として独立した。一九一二年に生まれた孫基禎はこの時代に生きて、競技にも日本人選手として出場することを余儀なくされた。

第一部　孫基禎の歩んだ道

50年の歳月を経て手渡されたマラトンの兜をかぶり、笑顔で応える孫基禎（42頁参照）

(1) 生い立ち

岸辺のランニング

孫基禎は、一九一二年八月二十九日、朝鮮半島の北、鴨緑江に面した平安北道、新義州南敏浦洞で、父・孫仁錫（ソン・インソク）、母・金福女（キム・ボクニョ）の間の末っ子として生まれた。三男一女の家庭は雑貨商を営んでいたが、生活はたいへん貧しかった。冬になれば凍結する鴨緑江は、子供たちのスケート場になる。しかし孫基禎の家には、スケート靴を買い求める経済的余裕はなかった。虚しさをこらえて、スケートを楽しむ仲間たちを尻目に、自身の運動欲求を満たすための岸辺のランニングに精を出した。

小学校のころの孫基禎

自伝にこう記している。「運動用具を持たなくてもできる運動—それは走る事だ。費用もかからないし、他人に屈折した感情を持たなくてもすむ素晴らしい運動。私が選択し心を傾けた運動は、〝走る〟ことだけであった」。

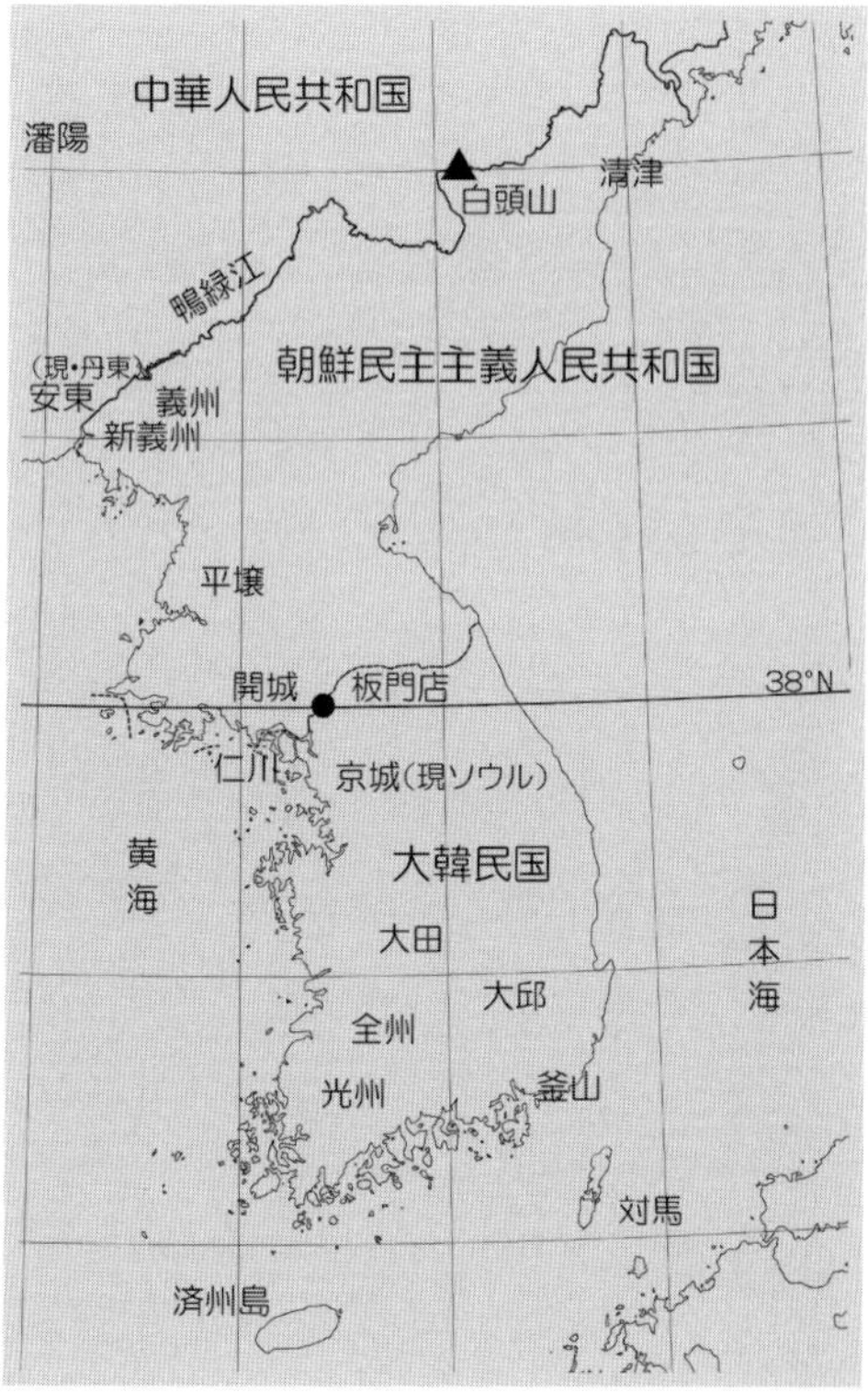

さらに、若竹普通小学校までの二キロの道のりは恰好の練習場となった。かけっこに夢中な孫基禎は、何足も靴を履きつぶして母親を困らせた。走ることをあきらめない孫基禎に、母はしまいに安物の女用の靴を与えた。これなら脱げやすくて走れないだろうとの算段であった。孫基禎はこの女物の靴に縄を巻き、脱げにくくして走った。縄が足とこすれ、血がにじんでも走ることをやめなかった。

小学校の授業料五十銭が払えない孫基禎は、学校の合間に行商をして家計を助け、学費を稼がなければならなかった。そんな家庭の経済事情では小学校の通学もままならず、卒業したのは十六歳の時であった。卒業後も家計を助けるために様々な仕事についた。

ある日、孫基禎は母に呼び出されてその前に座った。そこには走るときに使う足袋《たび》（裏にゴムが張り付けられたもの）があった。苦しい家計の中から孫基禎のために、母はなけなしの金で足袋を買ってくれたのだった。「基禎、お前はそんなに走るのが好きならば徹底的にやりなさい。やるからには、どんな苦労にも負けちゃいけないよ」。母親のこの言葉に胸がつまり、その慈愛の深さを感じた孫基禎は、この母の恩は決して忘れまい、立派な選手になって親孝行するぞと心に誓ったのである。走ることに夢中な孫基禎への、母からの心を込めたプレゼントだった。この母の愛情を感じ取った孫基禎は、ますます走りに磨きをかけることになる。ある時、村の大会で優勝して米をもらって帰り、盗んできたのではないかと家族を驚かせたこともあった。そして六年生になると、新義州の代表選手に選ばれるまでになった。

六年生は進学先を考える時である。孫基禎には、走る能力を買われて新義州商業学校から勧誘があった。しかし孫基禎の家の家計は、進学に堪える余裕があるわけでもなく、千載一遇のチャンスを逃すことになる。卒業後の就職先は、経営者が棒高跳びをやっていてスポーツに理解のある人の会社、「鴨江印刷所」になった。就職した工場で働いている前を、同級生たちが楽しそうに学校へ通っている姿に出会うたびに、無念の涙が出たと自伝に書いている。

日本での丁稚奉公

一九二八年、孫基禎の人生は一変する。「日本へ行けば勉強もできるし、運動にも精進できる」という、恩師の李一成（イ・イルソン）先生の勧めで、日本へ行くことになった。仕事をしながら、練習をさせてもらえるということだった。進学できずに、意気消沈していた孫基禎の心に明かりが灯った。朝鮮の北の端、新義州から平壌、京城（現ソウル）、釜山、下関を経て、胸を膨らませ訪れた信州・諏訪で働き始めることになる。

諏訪での雇用主は、初めのころ駅前で呉服屋をしていたが、その商売もままならず飲食店に代わった。呉服屋時代は練習時間が確保できたが、飲食店になると配達の仕事が夜間に及び、過酷であって練習どころではなかった。

希望に燃えて日本にきたが、現実は厳しく、孫基禎の心は萎えていった。それでも孫基禎は諏訪の若者と仲良くなり、彼らの協力もあって駈け足の練習を続けたのだった。(註4)

長野県上諏訪で桂光淳（ケ・カンスン 右）君と

仕事前に練習するために、朝早く起きなければならない。そこで孫基禎は工夫した。足に紐をつけて家の外にたらし、早朝、仲間に引っ張ってもらって目を覚ますというわけである。ある時、窓の下で小便をしていた酔っ払いに、その紐を引っ張られて夜中に飛び起きたという、笑えない話もあった。

労働条件と賃金、夜間学校通学許可などの契約が、李先生に聞かされていたこととは程遠く、失意のうちに帰郷することになる。自伝の中でこう回顧している。「つらい毎日の生活に疲れ、勉強はおろか運動も意のままにならなくなってきた。希望に燃えて日本の土を踏みしめた時の自分と、うどんを出前して歩いている今の自分とはあまりにも距離がありやしないか…」。

しかし孫基禎は、スポーツが周縁の人たちを励まし勇気づけることを、この諏訪へ行く道すがら気づいていた。それは名古屋から塩尻までの汽車で、甲子園で優勝した松商学園の選手と乗り合わせた時のことである。選手たちが乗った汽車が長野県に入ると、どの駅のプラットホームにも人があふれかえり、選手を大歓迎しているさまを目撃した。この時に孫基禎は、「スポーツで頑張れば、周囲の人を元気にし勇気づけられる」ということを学んでいた。この光景を眺めながら、ひとり頭の中で、遠い将来に陸上選手として大成した自分の姿を思い描いていたのである。

故郷・新義州の鴨緑江に架かる大鉄橋。"鮮満一如"の幹線道路として、1909年～1911年にかけて建設された

帰国後は故郷の新義州の同益商会（後に、同益公司）に就職した。ここで昼間は働き、夜に練習するという日々を送ることになった。そうした生活の中、孫は長距離走の実力を徐々に磨いて、郷里、平安道の代表選手にも選ばれるようになった。十九歳になって、朝鮮神宮大会の五千メートルに参加し二位（十六分十八秒五）となった。続いて一九三二年三月、東亜日報社が主催する京永（京城―永登浦）マラソンに参加して二位になった。マラソン選手としての足場は着実に形成されていった。

同年九月四日、全朝鮮対抗陸上選手権、五千メートルで優勝（十六分二十二秒）。

九月二十三日、全朝鮮中学校陸上選手権千五百メートルで優勝（四分二十八秒）。

八マイルマラソン二位。

十月十六日、朝鮮神宮大会一万メートル二位、五千メートル三位と、マラソンに必要な持久力とスピードを身につけていったのである。

（註4）一九九〇年、孫基禎は諏訪市を再訪し、当時の仲間と旧交を温め、市民に向けて講演をしたり、車山クロスカントリーに参加している。以後、亡くなるまで諏訪市民との交流は続いた。ここでもスポーツは友情を築くと力説している。

(2) マラソンランナーへの道

陸上名門の養正《ヤンジョン》高校

孫基禎は自分自身に長距離走の資質があることに目覚め、高校進学によって自身の能力を開花させようと思って進学を希望したが、家庭事情を考えるとそれはとてもおぼつかない事であった。孫基禎の素質を発見した養正高校陸上監督の徐雄成（ソ・ウンソン）コーチは、主将の柳を新義州に派遣して勧誘し、孫基禎はこれに応じた。

しかしここで難問が発生した。孫基禎は貧困の為に通学もままならず、小学校の卒業が遅れていたので、養正高校の入学年齢規定を超えていたのである。様々な人がこの問題に対応し、やっとのことで入学許可がおりた。貧困や入学年齢など多くの困難な事情を乗り越えて、ついに陸上の名門、養正高校に入学できたのである。

学費など経済的問題は、篤志家〔李炳玉（イ・ビョンク）さん、金鳳秀（キム・ボンス）さん、李達熙（イ・ダルヒ）さん、金守基（キム・スギ）先生など〕の援助によって、学業を続けることができたのである。

養正高校は金恩培（キム・ウンベ）など、朝鮮の優秀なランナーをたくさん輩出した陸上競技の名門校であった。そこでは日本人教師・峰岸昌太郎（日体大卒）が陣頭指揮にあたっていた。孫基禎は篤志家の恩に報いるため猛練習をした。ここに初めて、学業と運動に専念できる環境が整った。

しかし、生活の場を何とか確保し学校に通うことができたが、食事による栄養摂取はなかなかままならなかった。長い距離を走る練習は、それなりのエネルギー・カロリーが必要になる。孫基禎は日々、空腹との闘いだった。自伝には、「貧困を経験しない人は貧困の本当の惨《みじ》めさを知りえない。私が始めた戦いは、ほかならぬこの貧困との戦いであった。不幸にも私は、それがあたかも運命のように、貧しさと完ぺきなまでに融合して生きてきた。マラソン優勝のその日まで私は走り、タイムとの闘いを繰り返してきたが、その前に空腹感に勝たねばならなかった。どうしたら空腹感に勝てるのだろうか？ それはただひたすらに、ひもじさを忘れるためにも、走ることに専念する以外に道はなかった。それでもままなら

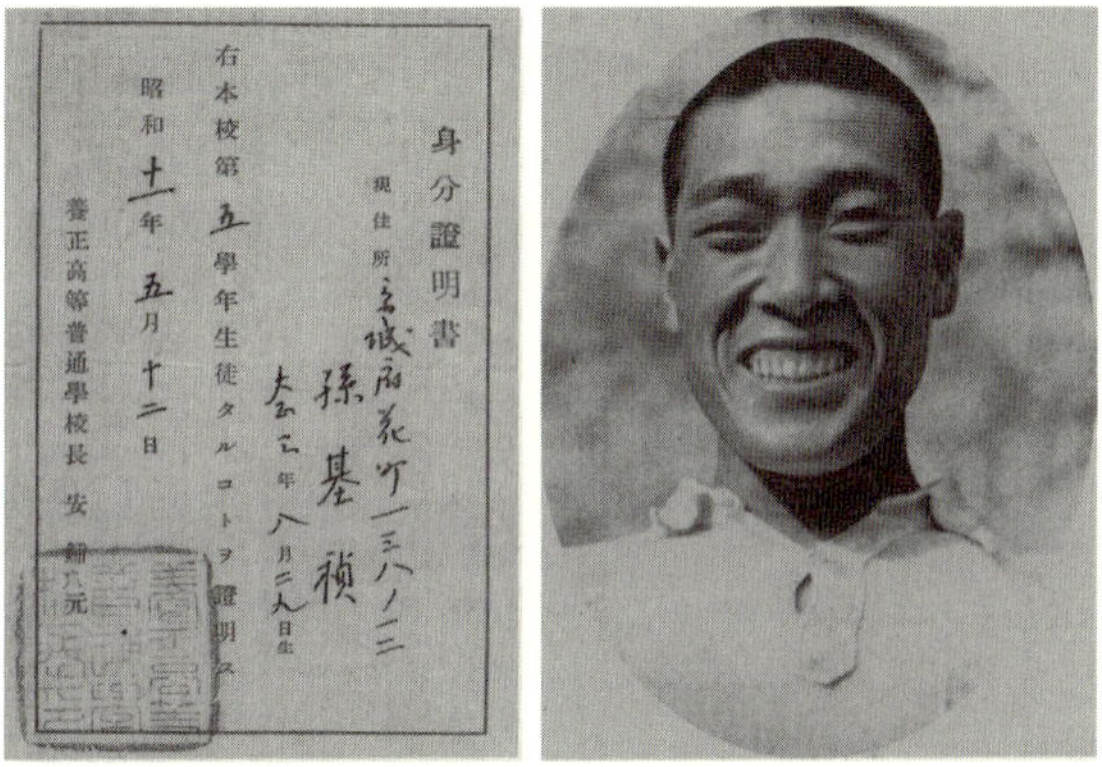

破顔の孫基禎と養正高等普通学校の学生証

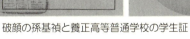

ないときは、生水を飲み、すきっ腹を満たして、また走るのであった」と書かれている。

さらに、一か月九円から十円の家賃、一回三銭の電車賃を捻出することが容易でなかった。そうした中で、またもや学業を中断しなければならない事態がおきた。新義州の実家が洪水で流されてしまったのである。学業をあきらめ、竜山鉄道に就職することを決めて意気消沈していたところ、街中で先輩の李炳玉に出会って懇々と諭された。李炳玉は「実家の苦衷は分かった。しかし、そのことは家の人に任せればいいのではないか？　君のような、優れた能力を殺したのでは何もならん」と説得した。

「李炳玉先輩は、学業を放棄しようとしていた私に大きな力を与えてくれた。彼は心底、私の事を心配してくれた。人が一生を左右するような大きな悩みにぶつかったとき、自ら進んで近寄ってゆき、一つの指針を与え、勇気を鼓舞してくれる友人はそうざらにいるものではない。李炳玉先輩の忠告がなかったら、私の人生もまた大きく変わっていた」と、先輩に感謝するのである。孫基禎は、人生の節目節目で世話になる人への感謝を忘れない。

その他にも、孫基禎の人生を支える人物が登場する。金鳳秀である。彼は孫基禎より年上であったが、金鳳秀の家庭教師という事にして家族を説得し、彼の家で起居を共にすることができるようになった。さらに李達熙も、一九三六年ベルリン五輪までの住居を提供した。若い芽を育てようとする周囲の善意に支えられて孫基禎は成長していった。

住居の問題は、金、李両家の援助でなんとか確保できた。問題は日常の食事である。そこで孫基禎は、恩師の金守基先生を訪ねた。「空腹でこれ以上走れません。私を助けてください」と泣きついた。「金守基先生は、自身のなけなしの給与の中から二円を、私の栄養費に下さった。五銭でいいですと言っていたのに二円であった。栄養豊富なソルロンタンが十銭の時である。そのおかげで、週末には和信百貨店の食堂で栄養補給ができた」。

この金守基先生にも、心よりの感謝のことばを述べている。「大恩人・金守基先生」と、自伝の中で表現し、「この時の金守基先生の好意がなければ、ベルリン五輪の優勝などありえなかったことであろう」「両親は私に生命を宿し、金守基先生はその生命に活力を与え、人生の正しい指標をあたえてくださった」と書いている。

長距離選手からマラソンランナーへ

養正高校一年生の時、孫は学校代表として日本遠征に参加した。報知新聞主催の「第十三回東京―横浜往復中学駅伝競走」に出場し、日本の中学校二十校を相手に優勝した。日本中に朝鮮半島の中学生の強さを知らしめた。このことは、植民地支配の下で鬱屈としていた朝鮮の人びとを喜ばせることになった。釜山に上陸した選手たちは大歓迎を受けた。京城まで続く列車の停車駅ごとにその歓迎は続いた。孫基禎は信州・諏訪を訪れた時の、松商学園野球部を迎えた長野県民のことを思い出していた。スポーツで頑張れば、周りの人々を元気にさせる。このことを自分の励みの糧にするのであった。スポーツで頑張ることで、朝鮮全土を

第13回東京ー横浜往復中学駅伝競走で養正高校優勝 1932年
（前列左から二人目が孫基禎）

元気づけるという、とてつもなく大きなことを成し遂げるのはしばらく後のことである。

孫基禎は入学当初、四百メートル、八百メートル、千五百メートルなどを走り、長距離選手、マラソン選手に必要な基礎練習に励んでいた。このことは後に大きな支えとなる。持久力のみならず、瞬時のスパートに必要なスピードも身につけることができたからである。

そんな孫基禎が、陸上競技に「マラソン」という種目があることを知った。その種目に、金恩培、権泰夏（クオン・テハ）という素晴らしい先達がいることも知った。

その後、五千メートル、一万メートルを中心に走るようになった孫基禎に、マラソンの道を開いたのは、日本に留学して明治大学に通っていた権泰夏であった。一九三二年のロサンゼルス五輪のマラソンの日本代表として参加した権泰夏は、日本陸連との折り合いを悪くしてアメリカに留学していた。何くれとなく孫基禎を気遣い、手紙をよこして励まし続けた。権泰夏は、南カリフォルニア大学に入学した後も孫基禎に手紙を出し続けた。「孫基禎君、僕は君と一緒に練習したから、孫君の持っているとびぬけた資質をよく知っている。君の資質をもってすれば、マラソンの世界制覇も夢ではない」。さらに「日本の圧政を排除できる方法の一つは、世界のスポーツの舞台に進出して活躍し、"Korea"の名を世界の国々に知らしめることである」とまで言い切った。アメリカに渡って世界を見ていた権泰夏の言葉は、ズシリと重かった。

孫基禎はその後、ベルリン五輪までの四年間で出場したマラソン大会でほとんど優勝し、日本のマラソン第一人者となった。

一九三四年四月二十二日
　朝鮮中央日報マラソン（京城—水原）一位　二時間二十四分五十一秒
一九三五年三月二十一日
　全日本マラソン（ベルリン五輪予選）一位　二時間二十六分十四秒
同年　四月二十八日
　全朝鮮マラソン大会一位　二時間二十四分二十八秒（自己最高記録）

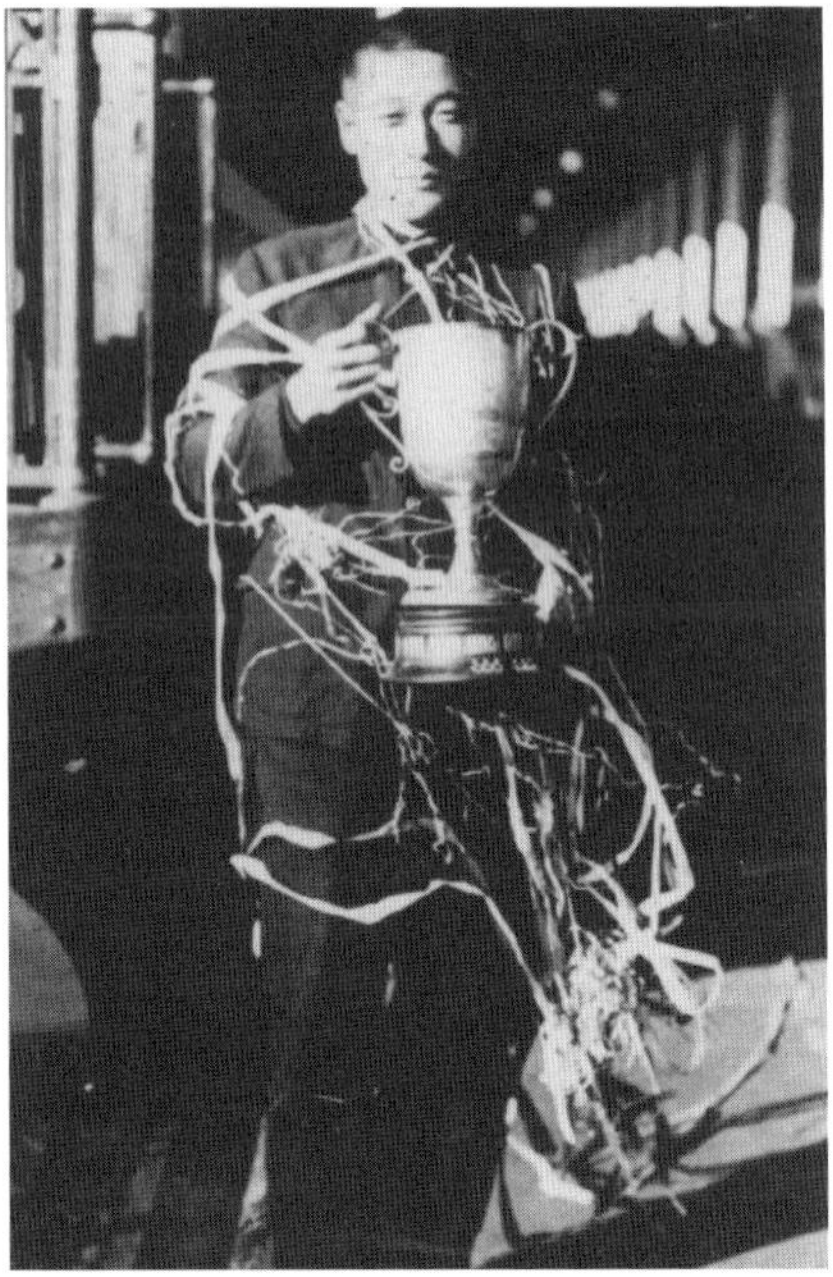

1935年11月3日の明治神宮大会で世界最高記録を樹立して、京城駅（現ソウル）に到着した孫基禎

九月二十九日
　日本選手権朝鮮予選マラソン
　一位　二時間四十二分二秒
十一月三日
　第八回明治神宮大会マラソン
　一位
　二時間二十六分四十二秒

　まさに無敵の強さで、大きな大会をことごとく勝ち上がったのである。

　金恩培、権泰夏に続く、とびきり優秀な朝鮮人マラソンランナーの出現であった。孫基禎の夢は、ロサンゼルス五輪のマラソンの、金恩培、権泰夏の両先輩がなし遂げられなかったオリンピックでの優勝へと広がっていった。

(3) ベルリンオリンピックを目指して

五輪代表への道のり

一九三五年十一月三日、ベルリン五輪代表を選抜する予選会が、日本選手権を兼ねて、東京の神宮競技場から六郷橋を往復するコースで行われた。孫基禎は前半、一時間十三分三十一秒、後半は一時間十三分十一秒という完ぺきなペース配分で優勝した。しかもそれは、二時間二十六分四十二秒という、驚異的な世界記録でもあった。

東亜日報は、朝鮮の青年が打ち立てた快挙を報ずる号外を、ソウル市内の目抜き通りでばらまいた。ソウルへ凱旋帰国すると、あの金守基先生が目を真っ赤にして迎えた。逆境の中で苦しんでいた教え子に、自身の生活費を切り詰めて支援し続けてきた金守基先生は、その教え子の晴れ姿を眼前にして感無量だったであろう。

しかし、以前の新義州の大洪水といい、「好事魔多し」の諺どおりに、孫基禎の身に災難がまた降りかかった。数多くの祝勝会、歓迎会が執り行われたが、その一つの祝賀会の会場にいた孫基禎のもとに一通の電報が届いた。「チチシス　スグ　シンギシュウニ　カエレ」。

取るものもとりあえず新義州に帰り、駅で出会った近所の人に聞いたら、「君のおやじは元気に皆の祝福を受けていたよ」という。偽電報であった。母親が息子に会いたくて打った電報であったのだろう。しかし事態は急変した。その日の夕方、父は息子に会う事もなく、本当に亡くなってしまった。

代表選考の混乱

一九三六年、日本陸連の中では、ベルリン五輪選手団派遣を前に侃々諤々《かんかんがくがく》の議論が始まっていた。「一九三二年のロサンゼルス五輪の時には、金恩培、権泰夏という朝鮮人が参加し、惨敗した。これは朝鮮人二人を入れて、チームワークが乱れたからだ。今回は鈴木房重と塩飽玉男の二人を代表にして、孫基禎か南昇竜の二人のうち一人を代表にする」と、陸連首脳は朝鮮人コーチの鄭商熙（チョン・サンヒ）に言ってきた。

ベルリン五輪における最終的な選抜の条件は、孫基禎はまだしも、予選会で四位であった南昇竜（ナム・スヨン）は一位にならない限り出場できないというものであった。

五月二十一日に行われた最終選考のレースでは、朝鮮人選手は鈴木房重と塩飽玉男を振り切って、南昇竜が一位、孫基禎二位であった。「南昇竜は一位にならなければ、ベルリンには連れてゆかない」という日本陸連の不当な取り決めに、孫基禎は頭を回して一位を譲ったのであろう。この結果、日本人二人を代表に出したいという陸連の思惑が狂ってしまったのである。

朝鮮人選手二人を外す大義名分が無くなってしまった。

しかし執拗な日本陸連は、孫基禎、南昇竜、鈴木房重、塩飽玉男の四人をベルリンに連れてゆき、現地で最終選考するという決定をした。肉体的にも過酷な予選会を、大会直前に開いて最終決定するというのである。今日の運動生理学から見ても無謀かつ理不尽な決定だった。そこまでして、朝鮮人二人を日本代表にしたくなかったのである。

現地での選考会

ベルリンへの道程は朝鮮半島を縦断し、二週間以上をかけてシベリア鉄道で行くというものであった。その道中、孫基禎を乗せた列車が新義州の駅を通過するとき、真夜中にもかかわらず大勢の群衆が孫基禎の勝利を祈って駅頭に集まってくれた。感動的な光景であった。若いころに信州の就職時に見た、松商学園の野球選手をお祝いした長野県民の歓声を思い出していた。「朝鮮の皆さん、新義州の皆さん、本当に有難うございます。朝鮮の男として頑張ってまいります」。ベルリンでの健闘を心に誓った孫基禎だった。孫基禎の家族は鴨緑江を渡った安東（現・丹東）の駅で待っていた。そこは停車時間が他より長いからだった。母と兄二人、姉らがいた。オリンピックの制服に身を包んだ凛々しい孫基禎の姿に、家族は涙ぐんだ。駅頭ではあったが、家族との静かな語らいが、ひしひしと充実感をもたらした。心の奥底で「頑張るぞ！」と誓っていた。

ベルリンへの道中、シベリアを横断してモスクワに入った。その自由時間に、向学心に燃える孫基禎は社会主義国家のスポーツのあり方を調べていた。立派な競技場があり、そこでは多くの女性が陸上の練習をしていた。練習が終わると子供を連れて帰宅する様を見て、怪訝《けげん》な思いにかられた。「母親なのにどうして陸上競技ができるのだろうか?」。案内していたロシア人に聞くと、「ソ連では基本的に、自分に課せられた労働を八時間こなしたら、その他の自由時間はスポーツでもなんでも自由にできる」とのことであった。「社会主義国家では、スポーツを資本主義的ぜいたくだと排除しているのではなかったのか?」。

社会主義国におけるスポーツについての、孫基禎の先入観は崩れ去った。

一九三六年六月に日本を出発してから、シベリア鉄道経由の長旅の末、七月十七日にやっとの思いでベルリンに到着した。迎えに出たドイツ駐在の日本大使館員は、「どうしてマラソンの代表に、朝鮮人が二人も入っているのだ」と言った。長旅を終えて着いたベルリンの地で、受けた最初の言葉がこの始末である。自伝では、「我知らず、情けなく、熱いものがこみ上げてきた」と述懐している。

マラソンレースの準備が始まった。市中を走るとき、孫基禎は「日の丸」の付いたトレーニングシャツを着なかった。サインをするにも、外国人には朝鮮半島の地図を入れ、「손기정」とハングル文字で書くことにしていた。街で会う人には、「コリア」の孫基禎ですと自己紹介

をしていた。

そんな孫基禎に対して、日本選手や役員は、「どうして日の丸の付いたシャツを着ないのだ」と言い寄ってきたが、「ユニフォームは貴重なものなので、家宝にしてとっておくのだ」とはぐらかした。心の中には朝鮮人だという自覚と誇りが充満し、孫基禎をして日本のユニフォームを着させなかったのである。

【写真右】「日の丸」のないトレーナーを着て市中を走る孫基禎（左）
【上】黒いトレーナーの孫基禎

孫基禎の露骨な態度に、同胞のバスケット選手の李性求（イ・ソンク）までが、「君、そんなことをしてレースに出してもらえなくなったらどうする？　少しは自重した方がいいぞ」と心配して声をかけた。日本側が鈴木房重と塩飽玉男を代表にしたいのは山々であったので、つけ込まれないようにと言う忠告であった。

このベルリン五輪に向かう最中、何かにつけてなされた朝鮮人選手への差別的な待遇に対して、権泰夏、鄭商熙、玄正柱（ヒョン・ジョンチュ）の三人は、在ドイツ日本大使館を訪れ差別撤廃を申し入れた。

そうしたなか、悪夢のような選考会が具体化する。かねてより、朝鮮人選手が二人参加することを快く思わなかった佐藤秀三郎コーチが、「レースに出場する三名を最終的に決定するために、七月二十二日に三十キロの記録会を行う」と言い出した。オリンピックのマラソンレースは、八月九日である。三十キロを走破すれば肉体をかなり消耗し、その疲労回復にも時間を要することは必定である。そんな暴挙をしてまでも、日本人二人代表にこだわったのである。

最終選考のレースは、孫基禎と南昇竜の独走で展開し、鈴木房重は体調不良でズルズルと後退した。あろうことか塩飽玉男は、コースを逸脱して抜け道を走り出した。南昇竜はレース後、卑怯なことをした塩飽玉男を殴った。三十キロの選考レースを見ていた権泰夏も、塩飽玉男の卑劣な行為に対して厳重に抗議した。これを口実にして佐藤秀三郎コーチは、また朝鮮人にいろいろと難癖をつけ人間関係をぎくしゃくさせた。

だが、最後まで朝鮮人の二人をレースに出させないようにするもくろみは、見事に崩れた。晴れて孫基禎、南昇竜がオリンピックのマラソンのレースに出場することができるようになった。

こうした馬鹿げた、不条理な選考会から、わずか十八日後のマラソン試合で、孫基禎は二時間二十九分十九秒二（オリンピック新記録）で優勝してしまった。あの選考会がなければ、とてつもない新記録が樹立されたことであろう。

(4) 一九三六年ベルリン

マラソン競技

ベルリン五輪(註5)は、歴史的に見ても大きな問題を抱えたオリンピックであった。

その第一は、このオリンピックが政治的に利用されたことにある。抬頭してきたナチスドイツの威厳を世間に知らしめるための、プロパガンダに使われた。ヒットラーは、ゲルマン民族―アーリア人の優位性を誇示する大会にしたかったのである。

その装置としての開会式は荘厳に執

り行われた。十万人を収容する巨大スタジアムには、無数の大きなナチスの旗が飾られ、スタンドの上段には参加国の旗が飾られていた。下段中央席の左右には、オリンピック旗とナチスドイツ総統の旗が飾られていて、まさにナチス一色に塗りつぶされた。開会式では、中央の席にヒットラー総統がナチスの軍服に身を包んで、うやうやしく登場し物々しく開会を宣言した。二十余発の礼砲が轟き、数万羽の鳩が飛びたった後、オリンピック賛歌がこだました。ナチスの威厳を見せつけようとする開会式であった。

オープニングセレモニーに登場したヒットラー（前頁）と巨大スタジアム（上）
ナチスの威厳を世界に示す壮大な舞台が演出された

第二の特徴は、「聖火リレー」が採用されたことである。聖火はギリシャ・オリンポスの丘で採火され、バルカン半島を北上した。アテネ―ソフィア―ベオグラード―ブタペスト―ウィーン―プラハを通過し、八月一日にベルリンに到着した。この聖火リレーには、別のもくろみがあった。聖火リレーのためのインフラ整備は、オリンピック後のドイツ軍南下作戦の準備だったのである。

マラトン戦士の青銅の兜

この聖火リレーのおかげで、孫基禎は別の問題に巻き込まれた。聖火リレーを記念してギリシャのブラデニ新聞が、古代ギリシャ時代にマラトンの戦いの勝利をアテナイ市民に報告するために走った兵士がかぶっていた青銅の兜を、マラソン優勝者に副賞として寄贈したのである。この兵士が走ったマラトン―アテナイの四十二・一九五キロが、今日のマラソンの起源になっていることは周知の事実である。

マラソンレースが終わったのちに、日本選手団に届けられたこの青銅の兜は、孫基禎の手に渡ることはなかった。副賞を貰うことがアマチュアリズムに違反するだとかの難癖をつけて渡さなかったのである。出場選手の選考過程などを考えても、日本選手団の側に、韓国人に対するわだかまりがあったからであろう。

幸いなことに、置き去りにされたこの兜は、ドイツのアルデン博物館やビスバーデン博物館などを転々としたが、最後はシャルロッテンブルグ博物館に保管されていた。

一九八六年、ドイツオリンピック委員会はベルリン五輪五十周年を記念する式典を開催した。時のドイツオリンピック委員会会長で、元IOC副会長のウィリー・ダウメの粋な計らいがあった。「孫基禎さん、忘れ物がありますから取りに来てください」。

ウィリー・ダウメと孫基禎は、尊敬する大島鎌吉を通して交流があった。大島が開催した一九八三年の「OPT21大阪」の国際会議で、ウィリー・ダウメと孫基禎は出会っていた。ウィリー・ダウメは、「オリンピックは五輪の輪に象徴されるように、世界の五大陸の友好連帯を促進するものである。しかし残念なことに、未だアフリカ大陸では開催されていない。オリンピック運動として、オリンピックで得た利益等を原資に、アフリカ大陸のどこかでオリンピックを開催するようにしよう」という運動を提唱していた。孫基禎は、大島鎌吉を通じてこの運動を知らされ、共鳴して運動に参加した仲間でもあった。

孫基禎に贈られたマラトン戦士の青銅の兜

青銅の兜は、このベルリン五輪五十周年の式典の中で、孫基禎のもとへ届けられ、現在は韓国の国宝（宝物第九〇四号）として、国立中央博物館に保存されている。
同じ副賞として貰った月桂樹は、養正高校跡地の孫基禎博物館の敷地の中で大きく育っている。この月桂樹も同じ副賞であるのに、なぜ青銅の兜は孫基禎の手に渡らなかったのであろうか？　これも植民地支配下の差別の産物なのであろうか？

この兜の本物は、国宝として保管されているが、孫基禎はいくつかのレプリカを作り、自分に縁のあったところへ寄贈している。母校、明治大学にもこのレプリカを寄贈し、現在も明治大学博物館の入り口に飾られている。

一九九五年に孫基禎は、明治大学から「特別功労賞」を授与されている。そのことへの感謝と同時に、戦前、孫基禎を危険人物として入学試験さえ受けさせなかった大学が多々あった中で、受験を許可し合格させた明治大学の広い了見に感謝してのことである。

大島鎌吉との出会い

ベルリン五輪は孫基禎に対して、生涯にわたる大きな影響をもたらした。マラソン優勝の栄誉のみならず、このオリンピックにおける様々な人びととの出会いは、孫基禎の一生を左右するものになっていったと言っても過言ではない。

それは開会式での出来事であった。日本選手団は大島主将を旗手に入場行進するのであるが、事前に背の低いものから順番に並んで行進することを決めていた。数が少ない女子選手などは前の方に位置したし、マラソン選手として背の低い孫基禎も前の方に並んだ。後ろでこの様を見ていた馬術選手の陸軍軍人が、この行進方法に異を唱えた。「帝国陸軍軍人が、朝鮮人や女

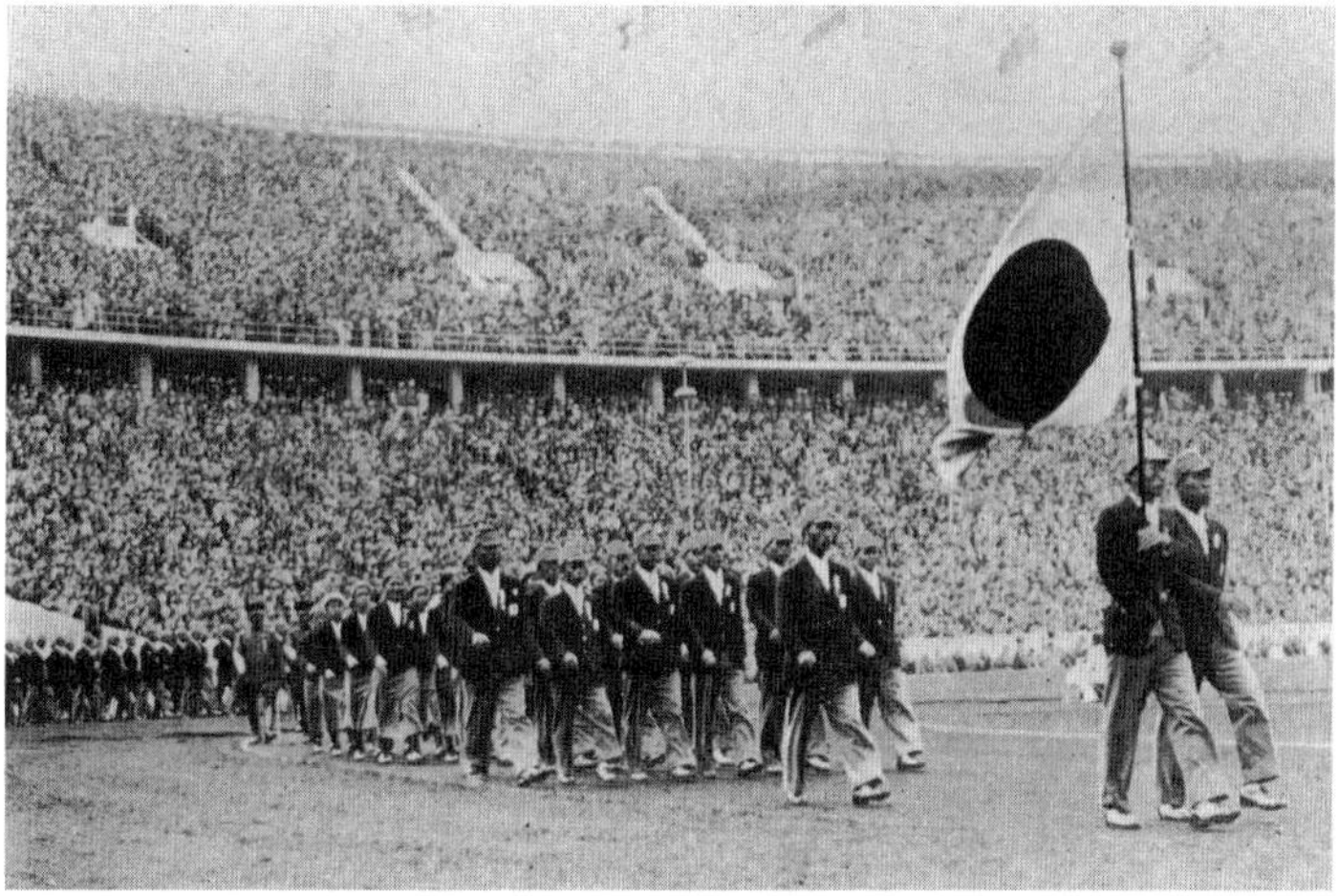

日本選手団の入場行進。旗手は主将・大島鎌吉

の後ろを行進できるか！」。その言葉を聞いた孫基禎は、相変わらずの朝鮮人差別に胸を痛めた。

そこに、旗手で陸上競技選手団主将の大島鎌吉が現れた。大島は軍人の馬術選手に向かってこう言い放った。「ここはオリンピックの場である。陸軍軍人も朝鮮人もあるか！　選手団として決めたことを守ってきちっと並べ！」。

孫基禎は、自分たち朝鮮人選手への差別に、こんなに真剣に怒ってくれた大島鎌吉を見て驚いた。大島と馬術選手のやり取りを傍らで聞いていた孫基禎は、「他人ごとである陸軍軍人の差別に、真剣に怒り、その差別を憎み、人間の尊厳を守ってくれたすごい人だ」と感激した。これを契機に、孫基禎の大島鎌吉への人間的信頼は深まり、一生涯、人生の師・兄として尊敬し、行動を共にすることになる。

この開会式の出来事は、孫基禎の人生を大きく動かした。ある時、私が「なぜ、大島鎌吉さんをそんなに尊敬しているのですか」と伺った時、その理由をとつとつと話していただいたのが、この開会式の顛末であった。

さらに、孫基禎の自伝『ああ月桂冠に涙』の著書の巻末でこのように記している。「ベルリンオリンピック陸上選手団の大島主将には、当時から今日まで変わらぬ御厚誼を願い、国境を超えたスポーツの友情の尊さを教えられた。半世紀も前に一緒に走った仲間の皆様に、こみ上げる懐かしさと友情を感じ筆を置く」。

（註5）ベルリン五輪（オリンピック第十一回大会）は一九三六年八月一日から同月十六日まで、四十九か国、三千九百八十人が参加して開催された。この大会から初めて聖火リレーが行われたが、他にも写真判定装置やスコアボードなど科学が導入され、ベルリンではテレビの試験放送もあった。

スタジアムでも市街でもハーケンクロイツの旗がひらめきナチスを誇示したが、競技場では各国の選手が純粋に競技を進め、二十の世界新記録と百三十五のオリンピック新記録が打ち立てられた。次回東京招致をねらう日本は、朝鮮・台湾の選手を含めて総勢二百四十九人の大選手団を送りこんだ。「前畑ガンバレ」の実況放送で知られる女子二百メートル平泳ぎ前畑秀子の金メダルもこの時のことだった。

(5) 失意の表彰式

決戦の場へ

選考過程以来、ギクシャクしていた佐藤秀三郎コーチは、信じられないような事を口にした。「マラソンで、もし負ければ切腹する。必ず勝たねばならない」。おかげで選手たちは、精神的に圧迫を受け、夜も眠られないようになってしまった。このことを選手団本部に陳情した結果、佐藤コーチは外された。選手の心身両面にわたるコンディション作りに配慮すべきコーチに、選手を動揺させる言動をとられては、選手はたまらない。

オリンピックにおいてマラソンは特別な位置にあり、最終日の最終競技として行われる。マラソンの優勝者は勝利の月桂冠をかぶり、オリンピック最高の英雄として賞賛を独り占めする。アメリカの記者ロバートソンは、「マラソンはオリンピック全競技を通じ、最も壮大な種目として絶対的な興味をひくものだ。人間の偉大な、極限の力を見る。その瞬間、全ての人が感動する。マラソンの優勝者の最高の喜悦は、同時にすべての人類の喜悦に早変わりするものだ。今まで数多くの人たちが優勝を予測したが、的中例は稀である。それが余計に興味を引く原因にもなるのだ」と言う。

二十歳の時、ロサンゼルス五輪（一九三二年）で優勝し、政府の手厚い加護を受けて心身ともに最高な状態にあった二十四歳のアルゼンチンランナーのザバラが勝利するであろうと誰もが予想していた。

そして、いよいよスタートが切られようとしていた。

選考過程でひと悶着があったが、孫基禎にとっても晴れの舞台である。マラソンは、大会最終日を飾るオリンピックの華。その勝者は、オリンピックの英雄として称賛される。その栄誉を夢見て、世界から参集した五十六名のランナーがスタートラインに立った。一九三六年八月九日、午後三時。気温三十度。午後の太陽は熱気を増し、湿っぽい空気があたりを包んだ。

「戦機は熟した。この機を逃せばおしまいだ。四年後のオリンピックをいったい誰が予想し得よう。私の記録は世界一位。自信をもって必ず一位を勝ち取ってやる」。そう心に誓いながら、孫基禎は大きく深呼吸して十万人の観衆を飲み込む大きなスタンドを見上げた。するとその一角に、サッカーの金容植（キム・ヨンシク）と、バスケットボールの張利鎮（チャン・イジン）の姿が見えた。彼らの応援は何物にも代えがたい力を孫基禎に与えた。

号砲一発。ランナーがいっせいにスタートした。案の定、前回のロサンゼルスの優勝者・ザバラが先頭に飛び出した。ザバラはそのメンツにかけて連覇を狙い、一年も前からベルリンに入って周到な準備を重ねていた。

レースは、通常のマラソンレースとは違い、ザバラに引っ張られて異様なハイペースで進行した。孫基禎は落ち着いて後方に待機した。「ロサンゼルス五輪では、金恩培先輩が六位、権泰夏先輩が九位の成績。だから私は、せめて五位に入賞できれば満足である。自分の最高記録を出して敗退すればどうしようもないではないか」と自分に言い聞かせ、腹をくくって、冷静にレースを進めていた。

三キロ地点で、ハベル湖の山道にはいった。四キロ地点では、ザバラが十三分四秒二で通過し、依然としてレースを引っ張り、ポルトガルのディアスが続き、アメリカのブラウン、英国のハーパーと続いた。孫基禎は、一分三十秒遅れの十四分三十秒で通過した。「考えてみれば、この五位というのは金恩培先輩の六位より上にある」と思いながらレースを進めた。

五キロ地点を過ぎると、ハイペースの影響で脱落する選手が現れた。六キロ地点では、ザバラが十九分四十一秒。ポルトガルのディアスは、二十分十一秒。英国のハーパーは、二十分

スタジアムを走り出る孫基禎（先頭左）

二十二秒。アメリカのブラウンなどが続き、孫基禎は五位に上がってきた。レースが落ち着いてきて、有力者が前にそろってきた。十キロ地点でもザバラは先頭を譲らず、三十二分三十秒で通過した。この記録で完走すれば、二時間十六分台の驚異的な記録になると考え、孫基禎は自重した。

十キロ過ぎで孫基禎は、英国のハーパー(註6)選手と並んだ。しばらくハーパーと並走した。徐々にスピードを上げようとしたときに、隣のハーパーが声をかけてきた。「スロー、スロー」。ハーパーは、この炎熱下でザバラのハイペースについてゆくことの危険性を察知し、孫基禎にアドバイスしたのである。孫基禎はペースアップしないとザバラに引き離されるのではないかという不安な気持ちもあって、スピードを上げようとしたが、ハーパーはレースの流れと天候を読み取り、孫基禎に自重を勧めたのだ。もし孫基禎が暴走して自爆すれば、自分の順位が上がるにもかかわらず、ハーパーは孫基禎に助言を送ったのである。孫はその好意に感謝して手を挙げた。

ハーパーと並走する孫基禎（左）

ハーパーは、人一倍、努力してきた孫基禎を知っていて、「勝つべきものが勝つべきだ」と思っての助言であった。まさに英国流のスポーツマンシップであり、フェアープレイの精神である。

このハーパーの読みは当たった。スタートから意気込んで走り出した前回優勝者のザバラは、十五キロを四十九分四十五秒、十八キロを一時間で通過した。そして、折り返し地点を一時間十一分二十九秒で通過した。しかし、折り返して来たザバラとすれ違った孫基禎は、ザバラの目がもうろうとしていることに気がついた。その走りは徐々に怪しくなり、呼吸の乱れが聞こえてきた。しばらくハーパーと並走していた孫基禎は、「お互いに競走しながら、疲労を慰めあえる、信ずるに足る友人のように思えた」という。レースの中で、ハーパーに対する認識もまた変わっていったのである。

三十キロ付近で、ついにザバラは転倒し意識不明になった。そしてハーパーと孫基禎が先頭に立った。ハーパーはとにかく冷静沈着であった。その頃、僚友の南昇竜はいつものペースでレースを運んでいたが、折り返し地点では八位まで上がってきていた。

孫基禎の脳裏に、これまでの思い出が走馬灯のように駆け巡った。

「貧しい幼年期。陸上をやめて働かなければならなかった時のこと。養正高校とその仲間。何時も酒気を帯びていた父。走ることに賛成しなかった母が密かに用意してくれた足袋。実の弟のように思い支えてくれている李炳玉先輩、金鳳秀先輩、李炳夏先輩。いつも励ましてくれる金守基先生。マラソンへ導いてくれた権泰夏先輩。後ろで走っている南昇竜先輩……」。孫

折り返し地点で力走する孫基禎。後ろはハーパー

基禎は、今日の自分があるのは多くの人の支えがあったからだとつくづく思った。

三十一キロ、一時間四十六分二十秒。この時点では、ハーパーを離してトップ。「俺の前には誰もいない、でも敵がいないわけではない」と気を引き締めた。三十三キロ地点、一時間五十三分二十七秒。

「メインスタジアムに早く入ろう。寂しくない。不安を感じる必要もない。ハーパーとの距離も遠くなっている。しかし安心してはいけない」

三十七キロ地点では二時間八分三十三秒。そして最後の難関、ビスマルクの峠にさしかかる。六キロばかり駆け上がるこの峠の登坂は、孫基禎に力を消耗させ、腸ねん転のような苦しみが襲った。ベルリンの夏の残照が照りつける急勾配のビスマルクの丘を過ぎた孫基禎は、消耗が激しく疲弊し尽くしていて、気だるくなっていた。

その先に見えたのが、赤十字のマークを付けて水をもって立っている女性の姿であった。看護婦のマリア・ルイゼ・ネーブ夫人である。「彼女の差し出した水を、口に含み、口をすすいだ。そして残りの水を頭にかけ

命の水を差し出すマリア・ルイゼ・ネーブ夫人

た。「萎え始めてきた精神が蘇生する思いであった」と、自伝で述懐している。

しかし百戦錬磨の孫基禎は、水を飲むことをためらった。後に腹痛を起こす恐れがあったからである。孫基禎は息を吹き返した。

あとは緩やかな下り坂であった。夢を実現できる。希望が現実になっている。ゴールに向かう足取りは確かなものとなった。

オリンピックスタジアムのマラソン塔が目に入った。マラソンゲートをくぐり、あとはゴールへまっしぐら。スタジアムでは、トップランナーの到着を知らせるラッパ隊の音が鳴り響き、「トップは、日本のソンキテイ選手です」と報告された。

熱狂する十万人の大観衆の歓声が轟く中、四十二・一九五キロを走ったランナーのどこにそんな力が残っていたのかと思わせる、まるで短距離ランナーのようなスピードでゴールのテープを切った。アメリカのコーチの記録では、ラスト百メートルは、なんと十二秒台だという。

マラソンゲートをくぐり、力強い足取りでゴールに向かう孫基禎

大歓声の中、驚異的なスピードでテープを切る孫基禎。オリンピックレコードを塗りかえた

汗にまみれたユニフォームに決勝テープが巻き付いて離れなかった。時間は二時間二十九分十九秒二。堂々のオリンピック新記録であった。スタジアムは歓声のるつぼと化した。十万観衆はあたかも自分が優勝したかのように興奮して、万雷の拍手喝さいで孫基禎の勝利を祝福した。

第一回のアテネ五輪で優勝した、ギリシャのS・ルイスの記録の二時間五十五分二十秒以降、一九三二年アルゼンチンのザバラ選手の優勝記録二時間三十一分三十六秒まで、二時間三十分の壁を破るのが、マラソン選手の夢であった。孫基禎はその壁を、あっさりと破ってしまった。炎熱下、ビスマルクの丘の急坂などのコンディションで打ち立てた驚異的な記録である。加えて言うなら、あの理不尽な三十キロの予選会を、十八日前に走ったうえでの記録である。孫基禎の力はとてつもなく凄いものであったと言わざるを得ない。

レース後の孫基禎

孫基禎から遅れること二分。孫基禎に適切なアドバイスを送った英国のハーパーが二位に入ってきた。記録は二時間三十一分二十三秒であり、これまた前回優勝のザバラの大会新記録を塗り替える新記録であった。ペース判断を誤って、後方待機をし過ぎた南昇竜は、後半猛烈に追い上げて二時間三十一分五十一秒の記録で、三位入賞を果たした。NHKの山本照アナウンサーは、「ソンキテイが、ソンキテイが」と言ったまましばらく絶句した。「ソンキテイ君が優勝しました。日本マラソンの四半世紀にわたる悲願が今達成されました」と放送した。こうした快挙は、「日本マラソンの父」といわれた金栗四三が一九二〇年にオリンピックに初参加して以来のことであった。

孫基禎は自伝の中で、「壮絶な〝男の戦い〟は終わった。過去二十四年の貧困と苦難。日本人から受けた数々の侮辱と絶望感。そして、多くの人々からの心温まる支援と涙ぐましいほどの友情。……オリンピックマラソンの優勝は、このような全ての事柄を背景にして勝ち取った〝生涯の金字塔〟であった。夢が、大望が、今ようやく達成されたのだ。新義州での貧しかった幼い頃、日本の諏訪で出前持ちをやった苦労の日々。凍てつく満州の荒野からの強風にさらされながら、走りに熱中した日々……片時も忘れず、運動選手として大成しようとした私の夢が、とうとう実現したのだ」と記している。腹の底からの叫びである。

孫基禎は続けて「しかし頂点に立った今の実感は、輝くばかりの歓喜ではなかった。身を引き裂かれるような苦しみに耐えた貧しい頃の自身に対する憐憫、ベルリンに来てさえも限りない侮辱を甘受しなければならなかった亡国の民の悲哀、こみ上げる悲しみと激情に、私はジッと頭を垂れ涙をかみしめた」と続けている。

ここには「恨《ハン》」（韓国民衆の被抑圧の歴史が培った、苦難・孤立・絶望の集合的感情。同時に課せられた不当な仕打ち、不正義への奥深い正当な怒りの感情）の感情を自ら制御しようとする孫基禎の思いが見て取れる。しかも後に見るように、孫基禎はこの「恨」の感情を超えて、スポーツを通した日韓の相互理解・友好連帯の運動に、身を挺することになる。

最終成績

一位	孫基禎	二時間二十九分十九秒（オリンピック新記録）	日本
二位	ハーパー	二時間三十一分二十三秒（同）	英国
三位	南昇竜	二時間三十一分四十二秒	日本
四位	タミラ	二時間三十二分四十五秒	フィンランド
五位	ムイノネン	二時間三十三分四十六秒	フィンランド
六位	コールマン	二時間三十六分十七秒	南アフリカ

優勝で沸き返る朝鮮半島

孫基禎の冷静な感情とは別に、朝鮮半島では孫基禎と南昇竜の快挙に沸き返った。植民地支配下、「劣等民族」としてさげすまれていた朝鮮民族の孫基禎が世界一になったのである。歓喜の渦に包まれ、朝鮮半島では興奮のるつぼと化した。

ソウルの新聞は次のような社説を掲載した。

「わが孫基禎が優勝した。我らが若き孫基禎は、世界に冠たる勝利に導いた。マラソンの勝利者・孫基禎は、スポーツ以上の勝利者であることを記憶しよう。朝鮮は孫基禎君と南昇竜両君に不遇と不幸を与えただけだが、それでも両君は朝鮮に勝利の栄冠をもたらした。朝鮮の若者たちよ！　この言葉の意味を理解するだろうか？」

朝鮮半島の感激は筆舌に尽くせないものがあった。『常緑樹』と言う同人誌で韓民族の啓蒙に勤めていた沈薫（シム・フン）もまた、次のように書いている。

「君たちの勝利を伝える号外紙の裏側に筆を走らせているこの手は、形容しきれないほどの感激で震えている。遠く異国の空の下で、君らの心臓に波打った血が、二千三百万人のうちの一人である私の血管にも流れているからである。これまで『勝った！』と言う声を聞いたことのない我々の鼓膜には、深夜、戦勝の鈴の音で、破れるか引き裂かれるかのように聞こえてくる。沈鬱な暗闇の中で、蹂躙されてきた故国の空が、オリンピックの聖火を持ち上げているように、一気に明るくなってくるようだ。

おお、私は叫びたい！　マイクを握り締め、全世界の人類に向かって訴えたい、『これでも我々を弱小な民族と呼べるだろうか？』」

植民地支配のもとで鬱屈とした日々を送っていた朝鮮民族の、偽らざる、腹の底からの言葉であろう。

胸を隠した月桂樹

孫基禎、ハーパー、南昇竜の名前が大型スクリーンに映し出された。その三人が壇上に上がり、メダルの授与が行われた。

その時のことである。「君が代」が演奏され、メインポールに「日の丸」がスルスルと揚がりだした。孫基禎は、こういう儀式があることを知らなかった。

晴れの表彰式で、うつろな顔で下を向き、日章旗を仰ぎ見ない孫基禎と南昇竜。この二人の胸に去来したものは何か？　孫基禎は次のように心情を書き残している。

「優勝の表彰台で、ポールにはためく日章旗を眺めながら、『君が代』を耳にすることは耐えられない屈辱であった。私は思わず頭を垂れた。そして考えてみた。果たして私が日本の国民なのか？　だとすれば、日本人の朝鮮同胞に対する虐待はいったい何を意味するのだ？　私はつまるところ、日本人ではあり得ないのだ。日本人にはなれないのだ。私自身の為、そして圧

表彰台の孫基禎と南昇竜、アーネスト・ハーパー。孫基禎は月桂樹で胸の「日の丸」を隠し、南とともにうつむいている

政に呻吟《しんぎん》する同胞のために走ったと言うのが本心だ…。これからは、二度と日章旗の下では走るまい。そしてこの苦衷をより多くの同胞に知ってもらわなければならない。日本人たちには、この涙は祖国日本にマラソン優勝の栄冠を捧げた感激の涙であると言い逃れた」

孫基禎の最小限の抵抗は、表彰式で与えられた月桂樹で、胸に付けられた「日の丸」を隠すことであった。後日、南昇竜から、「君は与えられた月桂樹で日の丸を隠せたから良かったが、私は何もないので困った」と愚痴をこぼされた。

「内鮮融和」「内鮮一体」のスローガンのもと行われた日韓併合であったが、オリンピックに臨んでも二百四十七人の選手団のうち朝鮮人はたったの七人、そしてマラソンの選手選考の過程で行われた理不尽な仕打ち。植民地支配の内実にますます矛盾とやり切れない思いをを深める二人だった。

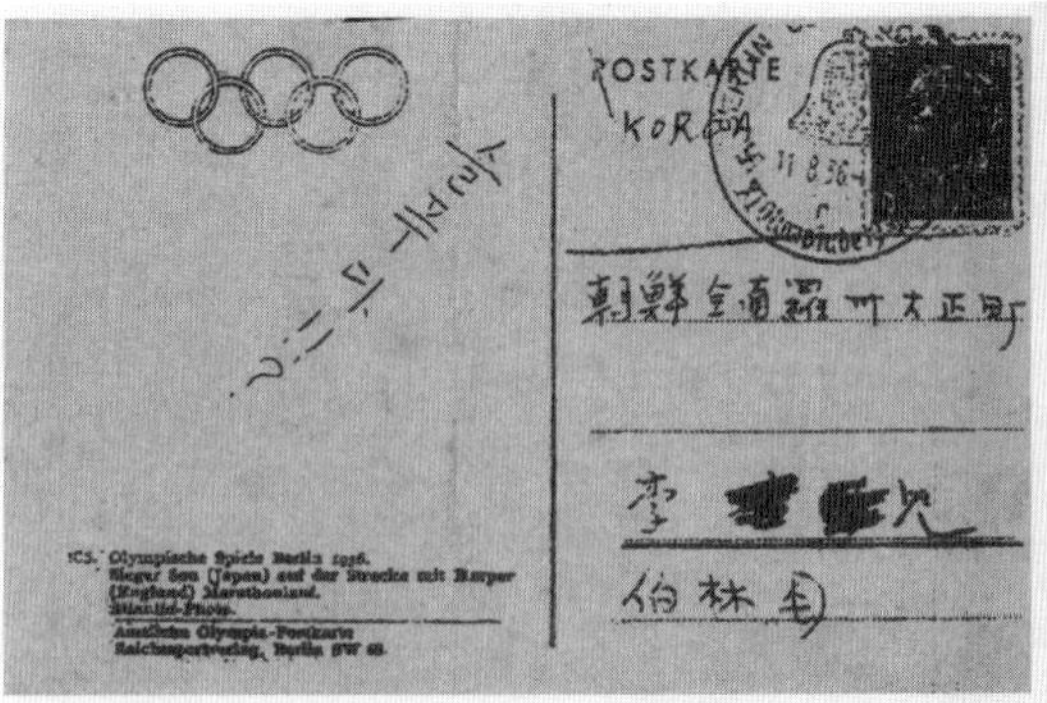

孫基禎がベルリンから友人に送った葉書には「私は悲しい」とだけ書かれていた

このベルリン五輪の表彰式は、後のオリンピックにも大きな影響を与えることになる。メキシコ五輪の二百メートル走の表彰式でとったアメリカ人選手、トミー・スミスとジョン・カルロスの行動である。彼らは、ベルリン五輪の記録映画『民族の祭典』（レニ・リーフェンシュタール監督）に出てくる孫基禎と南昇竜の姿を参考にしたのであろう。

当時、アメリカで興隆していた、キング牧師の公民権運動に呼応していたトミー・スミスと、ジョン・カルロスは、黒人差別がアメリカにも厳然として存在していることを主張したかった。表彰式の場では黒手袋をはめ、こぶしを頭上に掲げ、顔を上げず、国旗を見上げなかった。これは、孫基禎、南昇竜のベルリンの表彰式の態度を参考にしたものであると、後にジョン・カルロスが語っている。

帰国後にトミー・スミスと、ジョン・カルロスにとられた制裁は過酷を極めた。また二位に入った、オーストラリアのピーター・ノーマンも彼らに賛同し、OPHR（Olympic Project for Human Right）のバッジをつけて表彰台に上がった。白人でありながら、黒人のOPHR運動に共鳴したノー

アメリカ本国の黒人差別に抗議の意思を示すトミー・スミスとジョン・カルロス

マンも、帰国後オーストラリアのスポーツ界で批判にさらされ、疎外されていった。名誉を挽回したのは彼の死後であった。

孫基禎・南昇竜のこの表彰式の態度は、トミー・スミス、ジョン・カルロスに伝播し、ピーター・ノーマンの賛同を得た。世界に「差別」が厳然としてあることを身をもって示し、平和と平等と人権のために戦うスポーツマンの系譜は続く。チェコのチャスラフスカや、ザトペックらがソビエトの侵略に抗議したり、モハメド・アリがアメリカのベトナム侵略戦争に抗議して徴兵を拒否したように。

（註6）アーネスト・ハーパー（Ernest E Harper（一九〇二～一九七九）英国チェスターフィールド生まれ。ハラムシャー・ハリアーズに所属し、一九二八年アムステルダム五輪、三二年ロサンゼルス五輪、三六年ベルリン五輪でマラソン英国代表のベテランランナー。

孫基禎は、ベルリン五輪におけるハーパーの行為をレース後じっくり考え、私利私欲が無く公正（Fair）な態度で、スポーツマンシップ（Sportsmanship）にあふれた行為であったことに気づき、彼を尊敬するようになる。欧米社会の習慣であるクリスマスカードの交換を続けた。

ある時から、ハーパーのカードが届かなくなった。長年の友情が途絶えたことを心配した孫基禎は、筆者に彼の安否を問うてくれと依頼してきた。私は英国オリンピック協会（British Olympic

Association NOC の機能を持つ）職員のマイク・ブレイク（Mike Blake）に電話し、ハーパーさんの安否を調べてくれるように頼んだ。マイク・ブレイクは、英国陸上競技連盟と連絡を取り住所を調べた。なんと娘の移住に伴い、オーストラリアのビクトリア州に移っていたのだった。

私は孫基禎の思いを伝えるために、オーストラリアに電話した。電話口に出たのは息子さんだった。「孫基禎さんからの依頼で電話をしている」というと、息子さんの声色は重く、「残念ながら、父は亡くなりました。父は孫基禎さんとのクリスマスカードのやりとりを大変楽しみにしていて、家族の会話にも、孫基禎さんの話題がよく上った。父は孫基禎さんをこよなく尊敬していた」と話した。私は涙が止まらなかった。

(6) 植民地支配の朝鮮における監視と弾圧

消えた日の丸―『東亜日報』発禁事件

孫基禎と南昇竜の表彰式は、韓国のメディアにも大きな問題を引き起こした。第十一回ベルリン五輪の表彰式の場で、孫基禎が月桂樹の陰に隠したユニフォームの「日の丸」が、新聞では削除されて報道されたのである。いわゆる「消えた日の丸事件」である。

優勝から十六日後の一九三六年八月二十五日付『東亜日報』。第一版ではベルリンから送られた写真をそのまま掲載して検閲を通した。その後、第二版では「日の丸」を削った写真を掲載した。首謀したのは東亜日報の李吉用（イ・ギルヨン）記者とされている。

讃へん哉、覇者の譽れ

上 頭上に月桂冠、両手に槲の鉢植、マラソン優勝者〃我らの孫基禎選手〃 下 マラソン門を潜って再勝出発する孫選手（×印）＝九日世界制覇の日【ベルリンより本社リレー空輸】

『東亜日報』第一版（1936年8月25日付）。胸に「日の丸」が付いたベルリンからの写真をそのまま掲載

第二版では、胸の「日の丸」が削られている

新聞紙上の原画を工夫して、孫基禎の写真の胸にあった、「日の丸」を消してしまったのである。その第二版の新聞が配達された午後四時ごろ、日本軍二十師団司令部は、「日の丸」が抹消されたことを知って激怒し、総督府と警察に連絡して緊急逮捕を命じた。運動部記者・李吉用記者、社会部長・玄鎮健（ヒョン・ジンコン）、雑誌部長・崔承萬（チェ・スンマン）など五人が警察に逮捕された。五人は四十日以上も拘束され、残酷な拷問にかけられた。「会社の上層部の指示によって行われた」と自白させようとして、拷問は続けられた。総督府は、東亜日報の創設者・金性洙（キム・ソンス）、社長・宋鎮禹（ソン・ジンウ）等の関連を自白させようとしたが失敗した。

日本側にすれば、この「日の丸」抹消事件は、「内鮮一体」を旨とする植民地支配においては、国家に対する冒とくであると考えたのである。東亜日報は、八月二十九日に無期限発行停止処分を言い渡された。

李吉用ほか五名は言論界からの永久追放。李吉用は四十日間の拘留を経て、十月四日に釈放された。日本の植民地支配下におけるマスコミ弾圧の重大事件であった。

日本からの植民地解放後、李吉用は「朝鮮マラソン普及会」に参加し、権泰夏、金恩培、孫基禎らとともに、韓国のマラソン発展の為に尽力した。その子息も、現在行われている「孫基禎記念平和マラソン」(註7)（孫基禎記念財団・韓国スポーツ振興公社共催）にかかわって、孫基禎の子息・孫正寅（ソン・ジョンイン）と共に、父の思想を受け継ぐべく活動している。

「太極旗」と初めて対面

オリンピックのマラソン表彰式の後、日本選手団本部は選手村で祝賀パーティーを開いたが、主役である孫基禎と南昇竜はその席にいなかった。今までかけられた様々な差別と蔑視ゆえに、日本陸連などに思わしくない感情を抱いていた二人は、祝賀会にはとても参加する気にはなれなかったのであろう。密かな抗議であった。

祝賀会が開かれたその時間、鄭商熙、権泰夏が選手団本部には告げず、二人を外に連れだしていた。ドイツに滞在して豆腐製造業を営んでいた安鳳根（アン・ボングン）の招待を受けて、そちらに参加していたのである。安鳳根は、伊藤博文をハルピン駅頭で襲撃した愛国烈士、安重根（アン・ジュングン）の従兄弟であった。

安鳳根の家の書斎に足を踏み入れた孫基禎は、生まれて初めて「太極旗」と対面した。「これが太極旗なのだ。わが祖国の国旗なのだ。そう思うと感電でもしたかのように、熱いものが身体を流れていった。太極旗がこうして息づいているように、わが民族も生きているのだという確信が沸き起こってきた」と自伝に記している。

今日、表彰式で仰ぎ見るべきはこの国旗であったのだという思いを強くした。祖国無き亡国の民の悲哀を強く感じざるをえなかった。

パリに留学中の鄭錫海（チョン・ソクヘ）もこの会に参加していて、孫基禎の手を握り「私は、孫君がただ単なる運動選手だとは思えない。今日、日本人達の祝賀パーティーがあるにもかかわらず、こうして血を分けた同胞の集まりに出席してくれたことは、まさに愛国志士と言うべきではないか」と声をかけた。

だがこのパーティーの事が日本選手団に知れて、大きな怒りを買ってしまったことは言うまでもない。ますます朝鮮人選手に対しての圧力が強まった。しかし孫基禎は、そうした圧力には泰然自若として屈しなかった。優勝当日に安鳳根の家で味わった感激は、そうしたことに耐えうる、何物にもまして一生記憶に残る一夜であったから。

その後、日本選手団との軋轢《あつれき》を忘れさせるような、心豊かに過ごせる出来事が続いた。イタリア在住のテノール歌手・藤原義江の訪問を受けた。街の高級レストランで食事をしながら、日本における朝鮮人差別を慰労してくれた。藤原義江も日本人と英国人の混血児として育って、幼少のころ、いろいろな差別、蔑視を経験していた。自らの体験からにじみ出る藤原の言葉は身に染みた。

さらに孫基禎にとって最も忘れられないことは、長距離の神様ともいうべきフィンランドのパーボ・ヌルミに会えたことである。一九二〇年のアントワープを皮切りに、一九二四年のパリ、二八年のアムステルダムの三回連続でオリンピックに出場し、金メダル九個。銀メダル四個を獲得したオリンピックの英雄であった。彼から暖かい激励と祝福を受けたことは、生涯に残る思い出になった。

ヒットラーが企てた、アーリア人の優位を誇示するベルリン五輪のもくろみは、見事に粉砕された。その立役者であるジェシー・オーエンスとの出会いは特に印象深かった。ジェシー・オーエンスは、陸上の百メートル、二百メートル、四×百メートルリレー、走り幅跳びの四種目で金メダルを取って気を吐いた黒人選手である。陸上の華、マラソンは朝鮮人の孫基禎が征した。皮肉にも、陸上競技の中にアーリア人の優位はどこにも存在しなかった。

そのジェシー・オーエンスとは、共感するところが多々あった。「華やかなオリンピックで優勝したとマスコミではもてはやされているが、これは一過性のもので、母国へ帰れば辛い差別が待っている」という現実を、お互いに理解していたからである。

オーエンスは帰国後、「ヒットラーは、オリンピック四冠の私と握手することを拒否した。ホワイトハウスも同様であった。オリンピックから帰国後、私は黒人だけが乗るバスの後ろにぶら下がることを余儀なくされた」と語っている。またオーエンスは、貧困を克服するために馬と競走するショーに出て生活費を稼がざるを得なかった。オーエンスは、ベルリン五輪が終わって四十年を経た一九七六年、フォード大統領の招待で初めてホワイトハウスを訪れた。

ジェシー・オーエンス

孫基禎とジェシー・オーエンスとの交流、クリスマスカードの交換は生涯続いた。お互いの艱難辛苦を理解しあい、励ましあい、強く生きてゆこうとする、この孫基禎とジェシー・オーエンスの友情は、オリンピックの究極の理念である「スポーツを通した国際交流・国際相互理解の促進」を如実に示すものである。

連行と取り調べ

東亜日報の、消えた「日の丸」事件は、孫基禎の頭上に暗い影を落としていた。帰国の途につく船の中で、また寄港する街で聞く噂話は、孫基禎を憂鬱にさせるものばかりであった。帰国の道中は、ベルリンに行く時よりはるかに日数をかけたものであった。立ち寄った都市で模範試合をしたりして、その国民と交流した。

その後に立ち寄ったシンガポールで、鄭商熙がメモ書きを孫基禎に渡した。「注意しろ。日本人が監視しているぞ。本国で事件が発生。君たちを監視するようにとの電文が日本選手団に入っている」と言うものであった。表彰式の孫基禎の写真から「日の丸」を消した東亜日報事件を初めて知ったのは、シンガポールであった。その後の航海の最中に、暗い気持ちでデッキに佇む孫基禎を発見した大島鎌吉は、自殺するのではないかと孫基禎に駆け寄ったほどであった。

さらに、上海に停留している時に、上海交通大学教授で朝鮮人の申国権（シン・クコン）から、「日章旗抹殺事件」をより詳細に知ることになった。その後、長崎についた孫基禎は警察に呼び出され、「誰に会って、どんな話をしたか」と横柄に詰問された。孫基禎を扱う警察は、あたかも思想犯に対するそれと同じであった。「これが金栗四三のオリンピックマラソン初参加以来二十四年間、日本の念願であった優勝者に対する態度なのか。同じ金メダリストの前畑秀子、田島直人にもこのような不遜な態度で接するのか」と、孫基禎の胸の内に怒りがふつふつと沸き起こってきた。

孫基禎は長崎から神戸を経て東京に着いたが、いつも周りには特高警察の監視の目がついて回った。東京へ着いた孫基禎のもとに、旧知の鈴木武氏が訪ねてきた。鈴木氏は後の首相・鈴木貫太郎の甥であり、陸上愛好家で南昇竜を見出し育てた人でもあった。朝鮮人選手の苦悩を理解し、骨身を惜しまず面倒を見ていた人だった。

鈴木武氏に、孫基禎は思わずつぶやいた。「優勝を返上したい思いです」と。

鈴木氏は、それはどういう意味かと孫基禎に問いかけた。「事あれば調査、訊問で、これではまるで刑事犯罪人と同じ扱いで、生きた心地がしません。私の周辺の人間を、理由もなく捕まえてゆく。それでも不安なのか、あのように監視の刑事まで付けている」と答えた。

鈴木氏は、孫基禎の身辺を監視している刑事を呼び、一喝して孫の周辺から追い出した。

一九三六年十月八日、孫基禎は養正高校の黄澳（ファン・ハン）先生と、ソウルの汝矣島《ヨイド》の空港に到着した。凱旋帰国のはずであったが、あたりの雰囲気はまるで違った。空港内には、私服警官が多数たむろし、孫基禎を遠巻きに包囲していた。飛行場の入り口は閉鎖され、出迎えの群衆を寄せつけなかった。飛行機を降りた孫基禎は、右腕をサーベルを持った警官に、左腕を私服警官に捕まれて引率された。それはまるで重要犯罪人を連行する様と同じであった。

これが日本で最初に、念願のオリンピックマラソンに優勝した孫基禎に対する仕打ちであった。勿論、祝賀会、歓迎行事などは一切禁じられた。さらに、ささやかな級友たちの茶話会までも禁じられた。オリンピックが終わって二か月が経ち、ほとぼりが冷めた十一月になって初

帰国直後に、腰にサーベルの警官と私服刑事に拘束される孫基禎
（1936.10.8　汝矣島飛行場）

めて朝鮮総督府学務局と朝鮮日報主催の歓迎会が開かれたが、参加者は体育教師らに限定された。この会は、歓迎会と言うよりは報告会と言う程度のものであった。

ベルリン五輪のマラソンで優勝した孫基禎の快挙が、植民地支配下で擦り込まれた朝鮮人は劣等民族という意識を粉砕し、朝鮮人に自信を持たせ、独立運動を勢いづけるのではないかという恐れが、朝鮮総督府・警察にはあったのであろう。この監視と統制は、一九四五年八月十五日に日本の植民地支配が終了するまで続くことになる。

高麗大進学と弾圧

一九三六年、オリンピックマラソン優勝の偉業を成し遂げた孫基禎は、晩学ゆえの学業の遅れを自覚し、燃えたぎる情熱で大学進学を目指した。

将来、スポーツの指導者になりたいと、東京高等師範学校体育科を受験したが、体操・鉄棒などの実技が不得手で失敗してしまった。しかし学問への意欲は消し難く、「普専」(高麗大学)を受験し商科に合格した。

この高麗大学に入学した途端、事件が勃発した。高麗大学の学生団体である平北学生会が新入生歓迎会を開いた。その歓迎会に警察が踏み込んできたのである。学生が、朝鮮独立のための秘密集会を開いているとの密告があったのだ。その新入生歓迎会は、有無を言わさず即刻解散させられた。

そのうえ孫基禎は、高麗大学体育会部長の洪性夏（ホン・ソンハ）とともに警察に呼び出され訊問を受けた。警察は集会の目的、動機などを厳しく追及した。この訊問の最中、孫基禎は新入生歓迎会のどこが悪いのか、なぜ自分が呼び出されなければならないのかと、理不尽な警察の扱いにに疑問と不満を持ち続けた。釈放される時に警察は、「これからは人の集まりに顔を出すんじゃないぞ！」と厳しく恫喝した。

「厳秘・特高外事月報　内務省警保局保安課三六年十月」の中に、「警視庁には朝鮮人のみの歓迎会は一切認めざる方針を採り」「厳重取り締まりを加え、あらゆる不穏策動を阻止せり」という警察の指令があったという。朝日新聞社・木村司の調査である。

朝鮮人の自主・独立に対する孫基禎の存在の大きさを示すとともに、朝鮮総督府に対して従順ではなかった高麗大学に対する見せしめであった。

明治大学留学と走れなかった箱根駅伝

このままソウルにいても皆さんに迷惑がかかるばかりだと自覚した孫基禎は、日本の大学に進学することを考えた。以前に受験した東京高等師範学校に願書を出したが、危険人物という手配が回っていたのか受験を拒否された。早稲田大学も同様であった。

困り果てた孫基禎に救いの手を差し伸べたのは、朝鮮総督府学務局に勤めていた鄭商熙氏と、満鉄にいたマラソンの大先輩、権泰夏氏であった。この両者が明治大学への進学を進めてくれた。二人とも明治大学の卒業生であった。当時の明治大学は、ベルリン五輪マラソン銅メダリストの南昇竜をはじめ、朝鮮半島出身のスポーツマンをたくさん受け入れていた。

だが、明治大学に入学を許可された孫基禎には、新たな難題が待ち受けていた。日本政府は孫基禎の入学に条件を付けた。「ふたたび陸上をやらないこと。人の集まりに顔を出さないこと。できる限り静かにしていること」であった。正規の入学試験を突破して正規の学生となった孫基禎に対して、陸上部への参加を認めないという、なんとも人の尊厳を踏みにじる条件を押しつけたのである。生来、走ることに生きがいを感じ、走り続けてきた孫基禎にとっては、耐えられない苦しみであったろう。ある時、競走部から箱根駅伝の一区間でいいから走ってくれと言われたが、走ることはできなかった。

明治大学記念館と孫基禎の学生証

　ご子息、孫正寅の話によると、二〇〇二年に孫基禎が息を引き取る時に残した言葉は、「箱根駅伝を走りたかった」であったそうだ。その無念は、いかばかりであったたであろうか…。

孫基禎が入学した当時、明治大学体育会には、「花の昭和十四年組」と言われ、スポーツに赫々《かくかく》たる業績を残したスポーツマンが多くいた。ベルリン五輪ボクシングの永松英吉、同じくベルリン五輪レスリングに参加した水谷光三、相撲の滝沢寿雄、孫基禎と同じくソウル出身でラグビーの名選手・和田政雄、野球部には中京商業で甲子園をわかせた吉田正男、後の中日監督・杉浦清らがいた。同級生の彼らが日本のスポーツ界で華々しい活躍を見せる中、孫基禎はひっそりと勉学に励んだ。その影響か、学業成績はたいへん優秀なものであった。だが幼少のころから走り続けてきた習性は止めようがなかった。「勉強に疲れたころ、夜陰にまみれて、下宿の周りを走る孫基禎の姿を見た」と、京城商業出身で親しい友人だったラグビーの和田政雄は語っている。

自分は走ることを禁じられていたけれど、孫基禎は後進の発掘と指導に時間を費やした。スキー、競歩と多才な選手であった早稲田大学卒の麻生武治氏と共に、卒業間際に「走れ、歩け」のスローガンのもと朝鮮半島を巡回した。身体運動が健康に良いという事を啓蒙すると同時に、陸上の有能な若者を発掘する目的があった。権力の非人間的な仕打ちにもめげず、好きな陸上の普及を献身的に務める孫基禎の姿がそこにあった。後の「朝鮮マラソン普及会」の礎になるものであった。

一九四〇年三月、孫基禎は明治大学法科を卒業した。そしてソウルに帰ることになり、朝鮮陸上協会の会長を務める伊森明治氏が社長を務める貯蓄銀行に就職した。その後、一九三九年に朝鮮日報の高鳳悟（コ・ボンオ）氏の紹介で結婚していた姜福信（カン・ホクシン）と共に生活を始めた。姜福信は陸上の選手で、朝鮮の選手権で優勝していた名選手であった。

孫基禎は、月四十円の給与をもらっていたが、それでは新婚生活が維持できず夫婦共稼ぎの生活を送った。妻・姜福信は、長男・孫正寅を産むと間もなく、重度の肝臓炎を発症した。共働きの苦労が、姜福信の身体を蝕んでいたのである。一九四四年、姜福信は他界した。

日本からソウルに帰って後、孫基禎はたびたび陸上競技の指導で、鎮南浦商工学校などに出向いた。マラソン普及運動に精進したかった孫基禎は、その後、貯蓄銀行を辞めてマラソンの指導に専念した。

一九四一年、太平洋戦争に突入した日本は、ますます軍事色を強めていった。「内鮮一体」の美名のもと、日本の支配が強められた。創氏改名で本名を奪い、日本姓が強要された。さらにハングルの使用を禁止して言語を奪った。こうした中で孫基禎にも圧力が加わった。

朝鮮総督府は、戦場に赴く兵士の確保に奔走し、学徒兵募集を朝鮮の名士に呼びかけさせることが頻繁に行われた。オリンピックで優勝した孫基禎の名声を利用しない訳はない。孫基禎は、朝鮮総督府と日本の憲兵によって朝鮮じゅうの旧制中学校に派遣され、学徒兵募集の演説を強要された。

「皇国のために生命を捧げることは、男子一生の栄光」であるという言葉で、若い旧制中学生に呼びかけたのである。

晩年、孫基禎は、この演説が私の人生で最も悔いの残ることであったと述懐している。考えてもみるがいい。「天皇陛下のために死んでくれ」と、朝鮮の無垢な学生に向かって言うのである。心が痛まないはずがない。後に、「映画『ホタル』の中で、特攻で死んでいった金山少尉を生んだのは、私の責任である」と、自責の念に駆られた言葉を残している。

(註7) 現在、孫基禎の偉大な生涯を顕彰して、孫基禎記念財団と韓国スポーツ発展公社の共催で「孫基禎記念平和マラソン」が実施されている。日本からは、日本ユネスコ協会連盟所属の、「スポーツと平和を考えるユネスコクラブ」が毎年参加し友好を深めている。(下に写真)

孫基禎記念平和マラソン(2017.11.19)
中央が孫正寅さん。右隣がその娘さん、前にお孫さん。左端は筆者

(7) 祖国の解放とスポーツに生きる決意

ふたたび国際舞台へ

一九四五年八月十五日、孫基禎のみならず朝鮮の全ての人々を苦しめていた日本の植民地支配から、朝鮮半島が解放された。ソウルの街に人々があふれかえり、太極旗を振る多くの人々の群れがあちこちで見受けられた。長きにわたる植民地支配から解放された喜びは全土に広がった。祖国復帰の歓喜に酔いしれた国民は、共に笑い、共に感泣した。

朝鮮総督府による植民地支配からの、政治の転換を図るべく様々な運動が始まった。孫基禎にも、それらの運動からの勧誘が多くあった。オリンピック優勝者という名声を利用しようとする輩が、甘言を弄して近づいてきたのである。だが孫基禎は、乱立するあまりにも無定見な政治運動に失望していた。そしてただ一筋に、祖国を自分たちの手で建設するのだという基本的なことのみを考えることにした。祖国の再建に、自分がどのように貢献できるのか？　政治の世界からは距離を置き、「今こそ体育人としての原点に立ち返る」ことを、孫基禎は決断した。

その孫基禎は、新義州の実兄に預けていた子供を迎えに行く汽車の中で、奇妙なアナウンスを耳にした。「この汽車は北に向かう最後の汽車です。これからは三十八度線ができて、往来ができなくなります」。突然のアナウンスに困惑した。

これはその後、朝鮮半島に塗炭の苦しみを与える南北分断を知らせるニュースであった。普通の市民の孫基禎には、それが今後の朝鮮に及ぼす重大な意味を知る由もなかった。親戚にも新義州体育会の人にも気軽に別れを告げたが、その後、南北分断によって一族が別かれ別かれになるとは夢にも思わなかったのである。

朝鮮半島の北にソビエト軍が進駐し、南にはアメリカ軍が上陸し占領した。後にヨーロッパで東西ドイツの分割と「鉄のカーテン」を引き起こした国際政治は、極東では朝鮮半島の分断と民族の対立、分割国家を生み出した。三十五年間に及ぶ帝国主義日本の植民地支配から解放された矢先のことである。孫基禎は、ただただこの朝鮮の非情な現実に嘆息するしかなかった。

しかし、孫基禎には、そんな不幸を忘れさせる「夢」があった。それはスポーツであり、陸上競技マラソンであった。

一九四五年九月二十三日、権泰夏氏の事務所

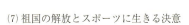

祖国の解放を祝う全国総合体育大会開会式。旗手は孫基禎（1945.12.27）

を本部にして、「朝鮮陸上競技連盟」を発足させた。一九四七年、この組織は世界陸上競技連盟に加盟し、大きく羽ばたくことになる。

再建された朝鮮体育会によって、早くも十二月二十七日に、祖国朝鮮の自由解放を記念する全国総合体育大会が挙行された。解放を祝う朝鮮の体育人が総結集したこの大会の開幕当日、孫基禎は太極旗を掲げ、十競技、四千余人の先頭を行進した。孫基禎は、「このような誇らしい栄誉が私の過去に在ったろうか？　日章旗の下、悔し涙にくれたあのベルリンオリンピックの表彰台。今、誇らしく太極旗を手にして、私はあの汚辱に満ちた日々を回想してみた。思わず熱いものが溢れて視線を遮り、行進も思うようにいかないほどであった」と回想している。

新生、韓国体育会の再建の中、ベルリン五輪マラソン優勝十周年を迎えた一九四六年八月九日、東亜日報は、「回想の夕べ」という記念セレモニーを開いた。その帰り道、権泰夏、金恩培、南昇竜、李吉用、孫基禎が集まり、次のオリンピックに備えて「マラソン普及会」の設置について話を進めた。後に、権泰夏委員長、金恩培総務、南昇竜、孫基禎が指導員になる組織を決定した。孫基禎の安岩同の自宅が合宿所となり、「朝鮮マラソン普及会」が出発した。

朝鮮マラソン普及会

朝鮮マラソン普及会は、孫基禎の自宅に太極旗を掲げ、「朝鮮マラソン選手合宿所」という看板をつけた。孫基禎の家の部屋の四つを合宿所にし、選抜した若者を居住させて合宿訓練を始めた。経費捻出には頭を悩ましたが、それは楽しい夢のある苦労だった。

子息の孫正寅は、「自宅に選手たちがあふれ、私の居場所がなかった」と当時を振り返って、父のマラソン興隆に向けての猛進ぶりを苦笑いしながら語っている。

一九四六年八月二十日、ベルリン五輪のマラソン優勝十周年祝賀会が徳寿宮で開かれた。多くの参列者の中から、後の大統領・李承晩（イ・スンマン）が祝辞を述べた。「わが民族は、日本帝国主義の弾圧の中で、ただ食べ、着て、そして息をしていた〝生ける屍〟にすぎなかった。そのような逆境の中で、孫基禎、南昇竜両選手が、朝鮮の名誉のために世界の舞台で戦い抜いて勝利を収めた。わが三千万の民族も、孫基禎、南昇竜の両君のように、不屈の闘志を発揮しよう」と、戦後の復興に立ちあがる国民を鼓舞した。

さらに、孫基禎にとって感激的祝辞は朝鮮独立運動のリーダー、金九（キムグ）からのものであった。

「私は今日まで、世界を制覇した孫基禎、南昇竜君たちによって三回泣かされた。一度は十年前、ベルリンで亡国民の一青年として、世界の列強の若者と死闘を演じ優勝したが、朝鮮人でありながら朝鮮人として振る舞えず、新聞紙上で君たちが胸につけた日章旗を見ながら泣いた。二回目は、太平洋戦争が勃発した時、中国の重慶で孫基禎が日本軍に志願して、フィリピンで戦死したというニュースを聞いた時、かわいそうで涙を流して泣いた。三番目は、朝鮮青年・孫基禎と祖国の地で再会でき、このような晴れがましい場所に出席した感激で涙を流しています」

参列者一同は同じような思いで、金九の祝辞を聞き、皆で涙を流した。

孫基禎は、歓迎の儀式どころか警察と憲兵に拘束された汝矣島到着のあの時と、この日の華やかな祝賀会とのギャップの凄さに、感慨ひとしおであった。

(8) メダル独占のボストンマラソン

ボストンマラソン

戦争で長く閉ざされていた国際的なスポーツ大会は、徐々に復活してきた。孫基禎が目指したマラソンの世界的大会は、アメリカのボストンで再開されていた。

ボストンマラソンは、アメリカ独立のために宗主国イギリスに対して蜂起した一七七五年四月十九日の「愛国の日」を記念した大会として、一八九七年に発足した。

次第に外国人も参加し、その当時は世界最高峰のマラソン大会として認知されていた。

孫基禎は、なんとかこの大会に参加したいと考え、ありとあらゆる方策を講じた。米軍政庁広報課長の李用成（イ・ヨンソン）を訪ねた。李用成氏は、米軍顧問のスメトルリー女史を紹介してくれた。さらにスメトルリー女史は、元短距離選手であったフランク・ブリストン氏を紹介した。

ブリストン氏は、ボストンマラソン組織委員会から正式な招待状を貰う手続きをしてくれた。ブリストン氏は孫基禎のベルリンマラソン優勝を知っていて、話はスムースに運んだ。孫基禎、南昇竜、徐潤福（ソ・ユンボク）の三人に招待状が届いた。しかしボストンマラソン大会に参加するのには多大な経費がかかる。その工面に困っていた時、韓国人同胞のカンパのほかに、米軍政庁の司令官から多額のカンパが届いた。この好意には、米軍の統治下における朝鮮人と米軍の関係を円滑にしようという狙いがあった。

一九四七年四月三日、いよいよ出発である。米軍政庁が手配してくれた米軍の輸送機に乗って、アメリカ本土へ向かった。サンフランシスコ経由でボストンに着いた。ベルリン五輪の一位と三位の選手が来るというのでボストンは盛り上がっていた。三十五歳の孫基禎は監督にまわり、南昇竜と徐潤福がランナーとして参加した。四月十九日、百五十三人のランナーが、五十一回ボストンマラソンのスタートラインに立った。当時、世界最高記録を持っていたフィンランドのヒットネンら、世界の強豪が集っていた。徐潤福は、孫基禎らが立ち上げた「マラソン普及会」が養成した選手で、孫基禎の自宅の合宿所で練習を積んできた高麗大学の選手である。孫基禎と同じく赤貧の生まれで、苦労を重ねて、戦後、高麗大学の陸上部に入った選手であった。南昇竜は、徐潤福のサポートランナーとしてこのレースを走った。レースはヒットネンが終始リードした。

孫基禎はレース中、徐潤福に対して「潤福、祖国のために頑張れ」と激を飛ばした。朝鮮人が「祖国」「民族」と言う言葉を聞くと心が躍り胸がときめくのは、辛い日本の占領下の思い出を克服するキーワードでもあったからである。徐潤福はその後、突然現れた犬に絡まれたりしながらも健闘した。徐潤福は心臓破りの丘と言われる三十二キロ過ぎで先頭のヒットネンに追いついた。しかし一難去ってまた一難。三十八キロ時点で、靴の紐が解けそうになった。徐潤福は機転を利かせ、紐に水をかけて解けることを防いだ。

徐潤福は、胸に太極旗がついているユニフォームを着て、世界のランナーに伍して堂々と走っている。そんなユニフォームを着て堂々と先頭を行く姿を見て、孫基禎は十一年前の自分を思い出し、時代の流れを感じてうらやましく思った。

「胸には、輝くばかりの太極旗マーク。私は彼がうらやましくてしょうがなかった。太極旗をつけて走れる彼はどれだけ誇らしい存在か。私はベルリンでは日章旗をつけて走っていた」

徐潤福は、二時間二十五分三十九秒の記録で、堂々の優勝を飾った。徐潤福のサポートに徹した南昇竜は、高齢にも関わらず、二時間四十分十秒で堂々の十一位に入賞した。

孫基禎は「ボストンの春の空高く太極旗が翻った。表彰台の上に立った徐潤福君も、観客席に立った私も、突き上げてくる感動で涙が止まらなかった」と自伝に記している。

十一年前に、ベルリンのマラソン表彰式で見た「日の丸」との隔絶した思いがよぎった。しかし、この感動は、三年後の一九五〇年にもう一度訪れるのである。

旧友との再会

第二次世界大戦で中止されていたオリンピックゲームは、一九四八年ロンドンで再開された。

当時、独立国家としての体をなしていなかった朝鮮に対して、国際世論はその参加に否定的な見解が多かった。しかしアメリカは、ボストンで優勝者を出した朝鮮マラソン界に注目してくれた。そのアメリカの力を借りて、ロンドン五輪参加の道を模索した。その熱意はＩＯＣ会長のブランデージにも伝わり、韓国のオリンピック参加を積極的に支持してくれた。その結果、韓国のロンドン五輪参加が決定した。

韓国国民の選手団にかける期待は、日増しに高まっていった。「復帰した祖国を、オリンピックを通じて世界各国に知らしめ、それで祖国の完全独立の道を開こう」という意気込みが充満した。世界に、スポーツの場を通して韓国に対する理解を促進する。オリンピックの機能に期待したのであった。

ボストンマラソンの覇者・徐潤福、新進気鋭の崔崙七（チェ・ユンチュル）、洪鍾五（ホン・チョンオ）の三選手を擁する韓国マラソンチームは、意気軒昂とロンドンオリンピックを目指して準備をした。

このロンドン五輪では、ベルリンオリンピック以来交流を深めていたハーパーが、相変わらずのフェアーな姿勢でマラソンコースに対する適切な情報を送ってきた。「今度のコースは大変困難で、二時間三十三分ぐらいで走れば優勝できるだろう。ボストンの徐潤福の優勝を知り、フィンランド、ギリシャ、トルコ、カナダなどのマラソン強豪国がすでに現地入りして、猛練習をしている…」しかし、このようなハーパーからの適切な情報が送られてきたにもかかわらず、韓国選手の成績は惨澹《さんたん》たる結果に終わった。

しかし孫基禎とハーパーの間には、ベルリン五輪以来、優勝劣敗のチャンピオンスポーツにもかかわらず、勝敗を超えた硬い友情が芽生えていたのである。

孫基禎は、晩年の一九九四年のNTV「知っているつもり」のインタビューで、「勝負の時は国を背負っているが、勝負が終わってしまえばみんな友達だよ。ユニフォームを交換して笑ったりする。平和だよ、平和が大切なのだ」と答えている。


孫基禎は他にも、縁を持った人との交流を続けている。一九五六年ベルリン五輪二十周年の時、孫基禎はベルリンを訪れた。その後、デュッセルドルフで、ビスマルクの丘で水をくれた看護婦さん、マリア・ルイゼ・ネーブ夫人と再会した。命の水を差しだしてくれたことへの御礼を丁寧にした。その時、彼女は、「一九三六年の五輪以来、自分の机の上に、孫基禎の月桂冠を被った写真を飾り続けている」ということを話した。「その写真を見る度に、私は、貴兄の勝利に貢献できた喜びを実感している。なんと素晴らしい思い出であることか」と言った。

また、あの感動的な記録映画『民族の祭典』の監督、レニ・リーフェンシュタールとも再会している。孫基禎の疾走、ハーパーとのやり取りやゴール前を克明に写し出してくれたこと、五輪閉幕後には田島直人と一緒に自宅に招待してくれたことなどへの御礼を言葉にした。彼女は、ヒットラー政権の崩壊以後、『民族の祭典』がナチスのプロパガンダであり、その協力者

再会を喜ぶ孫基禎とレニ・リーフェンシュタール

という事で苦しい時代を過ごしていた。その顛末《てんまつ》を心を開いて孫基禎に話した。

この一九五六年の式典では、大会本部が特別に孫基禎を表彰台に上げ、二十年前の英雄を観客に紹介した。孫基禎の涙腺が緩んだであろうことは間違いない。

歴史的快挙にあふれる涙

一九四八年のロンドン五輪で惨敗した韓国のマラソン普及会は、立て直しを図り、一九五〇年徐潤福の優勝以来となる二回目のボストンマラソンに参加した。

孫基禎の家を合宿所にして鍛えた韓国チームは精鋭揃いであった。孫基禎は、咸基鎔（ハム・キヨン）、崔崙七、宋吉允（ソン・ギルユン）の三人を引率した。孫基禎はその回顧録で、「崔崙七は足の痛みを訴えたが、残りの二人をリードする役割を果たしてくれと依頼した。崔崙七の犠牲的精神にあふれた助力で、咸基鎔、宋吉允が一位二位でゴールに飛び込んできた。咸基鎔、宋吉允の健闘に歓喜に浸っていたら、驚いたことに足を痛めていた崔崙七が三位で姿を現したのである。崔崙七が

２回目のボストンマラソンで、１、２、３位を独占した韓国チーム。前列左から咸基鎔、宋吉允、崔崙七。後ろに孫基禎

足を引きずりながら走っているのを見て『崔、ここは何処だ。ノロノロ走っている場合ではないぞ！』と、崔崙七に近づき檄を飛ばした。負傷しながら二人を助け、三位に入った崔崙七の奮闘は、一位の咸基鎔君と二位の宋吉允君の、それ以上に価値のあるものだ」と、その健闘を称えている。

「一位、二位、三位を独占した国が今まであったろうか？ 表彰式で、祖国の太極旗のみが青空高く翩翻《へんぽん》と翻る、この太極旗をみて涙があふれ出た。このような痛快事はかつてなかった」と自伝に記している。咸基鎔は養正高校の学生で、記録は二時間三十二分三十九秒。宋吉允は、二時間三十五分五十八秒。崔崙七は健闘して二時間三十九分四十五秒であった。一九四七年の徐潤福に次いで、堂々の一、二、三位独占である。

一九四六年、「マラソン普及会」を立ち上げ、乏しい財政の中で粛々と積んできた成果がここに現れたのであった。マラソン王国・韓国の名声は世界中に轟いた。

一九五〇年六月二十日、孫基禎を団長とするマラソン選手一行が金浦空港に到着した。国を挙げての大歓迎に沸き返った。李承晩大統領が選手全員の手を握って、「ご苦労であった。本当に良くやってくれた」と、歓びを全身で表した。その後、釜山、大邱、大田、ソウルと歓迎会は盛大に挙行された。帰国して五日目、六月二十五日、咸基鎔の故郷、春川での歓迎会の最中に、北朝鮮軍の進攻が知らされた。歓迎会どころかすべてが戦火に包まれていった。

一九四五年以降、新生韓国が構築した、マラソンをはじめとする韓国のスポーツはここで頓挫することになる。

(9) 朝鮮戦争の教訓

戦争勃発

孫基禎は「スポーツの発展は、平和な社会のみで可能である」と言うのが口癖になった。一九九四年に収録された、NTVのインタビューで、「戦争は勝っても負けても、鉄砲の弾に当たれば人は死ぬ。スポーツの戦いは勝ち負けで人は死なない。スポーツでは国を背負う時もあるが、終わってしまえばユニフォームを交換して、また明日頑張ろうと励ましあって皆友達になる。平和だよ、平和が大切なんだ!」と語っている。

この言葉は、凱旋直後の朝鮮戦争開戦(註8)と、民族が二つに別れて殺しあう戦争の悲惨さの痛切な記憶から来ているのだ。栄光のボストンマラソンで一、二、三位を独占し、六月二十日に凱旋して、わずか五日後の六月二十五日に朝鮮戦争が勃発したことは、大きな衝撃を孫基禎に与えたのである。

戦後、マラソン普及会を作り、自宅を開放して合宿所として懸命に築き上げた韓国のマラソン。そしてつかんだボストンマラソン一、二、三位独占の栄誉。「さあ、これからオリンピック

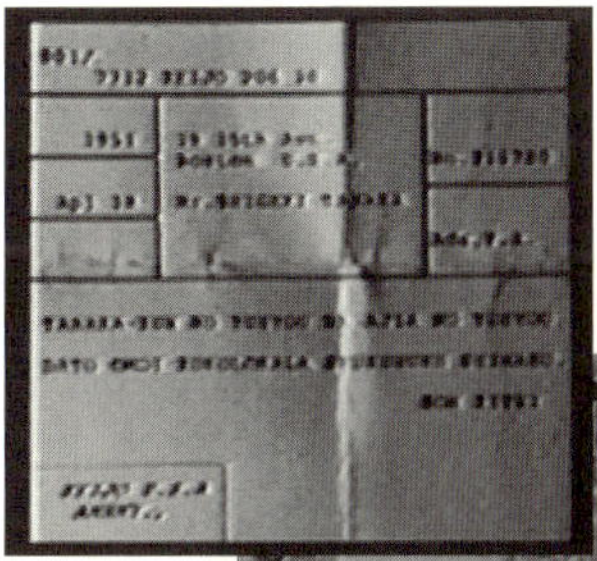

戦火のなかで孫基禎が田中茂樹に送った祝電
「アジアの優勝だと思い、心から祝福します」
と打たれていた

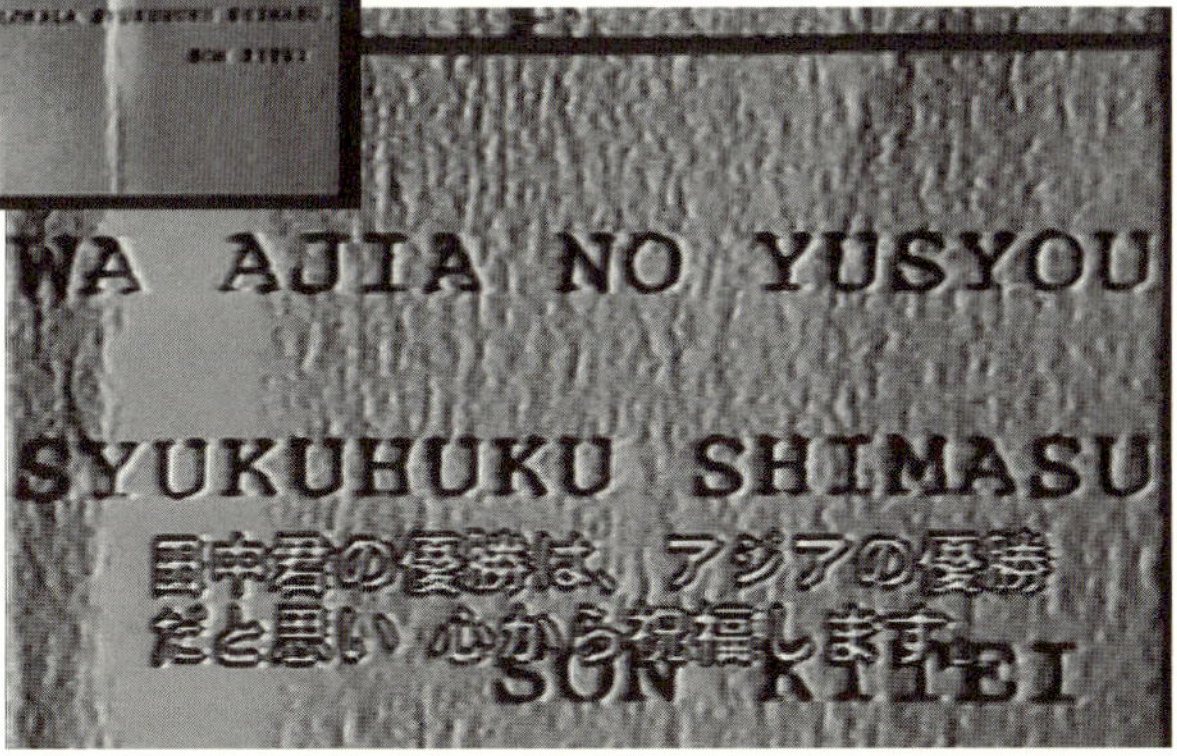

制覇だ」と、勢いづいた矢先の朝鮮戦争。孫基禎は「スポーツと平和」の問題に敏感にならざるを得なかった。

しかし孫基禎は、自国のマラソンと陸上競技の発展ばかりを考えていたのではない。朝鮮戦争の為に参加できなかった翌一九五一年のボストンマラソンで、優勝したのは日本人の田中茂樹であった。ソウルが大変な戦火の中にもかかわらず、孫基禎は優勝者・田中茂樹に電報を送っている。

「タナカクンノ　ユウショウハ　アジアノ　ユウショウダトオモイマス　ココロカラシュクフクシマス　ソンキテイ」(註9)

この「アジア」という発想は、スポーツに寄せる期待―スポーツによるアジアの連帯を希求する孫基禎の精神から出てくるものであった。

「アジア」と言う概念、これは悲惨な第二次世界大戦を経験した孫基禎の思想の原点になるものである。日本人の優勝を、怨念を超えて素直に祝う。孫基禎の視野の広さと寛大な精神が読み取れる電報である。ここではなぜか、日本読みの「ソンキテイ」と記している。

この、スポーツを通したアジア人の友好団結の思いは、その後の孫基禎のライフワークになってゆく。

戦争が始まると、勿論、スポーツどころではなく、孫基禎ものすごい勢いで南下してきた北朝鮮軍の進攻から身の安全を求めるばかりであった。北朝鮮の金日成の命令は、「孫基禎を生け捕りにしろ」「金日成万歳《キムイルソンマンセー》と言わせろ」だった。孫基禎もソウルの市街を逃げまどい、あるビルの中に逃げ込んだ。その彼に銃を構えた北朝鮮軍の若い兵士は、なんと孫基禎の実の甥っ子であった。その兵士は、目で逃げるように合図した。同じ民族同士でする戦争がもたらした悲劇そのものである。

朝鮮戦争は二十世紀に起きた戦争の中でも最も凄惨で破壊的な戦争だったと言われる。推定三百万人を超える韓国・朝鮮人が命を失ったが、その半数は民間人だったという。孫基禎は戦争の修羅場をくぐり抜けた経験と、朝鮮戦争によってスポーツの発展が根底から阻害されたという苦い経験から、韓国軍事政権の中ではあったが「スポーツと平和」の問題を真剣に考えるようになっていった。

その後、孫基禎は大韓陸上連盟会長（一九六三年）、大韓オリンピック委員会常任理事（一九六六年）などを歴任し、韓国のスポーツ界に寄与してゆくことになる。

日本の仲間とスポーツ・平和を考える

一九八三年十月三日と四日に大阪で開かれた、大島鎌吉（兄のように慕っていた関西大学OBで大阪体育大学副学長）が企画した「フォーラム・OPT21大阪」の会議に孫基禎は参加した。このOPTは、大島鎌吉の生涯の夢・理念を集約した国際会議であった。OPTとは、OがオリンピックPは平和、Tはタートルマラソンの意味である。その基本理念は「スポーツを通して世界の平和を！」であった。

孫基禎にとっても、ベルリン五輪開会式入場行進の出来事以来、尊敬し、長年にわたりオリンピズムの理念の実現のために、海を隔ててはいたが、共に手を携え実践してきた盟友・大島鎌吉の企画である。ソウルから馳せ参じないではいられなかった。十月三日の前夜祭には、関西方面のスポーツ関係者が千三百人ほど集まった。四日の午前には、大阪城公園でタートルマラソン（勝負を競わないで、健康のために走ろうというもの）オープン大会が開かれた。大島鎌吉の依頼で、ベルリンマラソン優勝者である孫基禎がスターターを務めた。ランナーがスタートした後から自身も追走した。その日の夕刊には、ベルリン五輪マラソン優勝者の孫基禎が参加したと大きく取り上げられ、タートルマラソンの成功に一役買ったのである。

午後は大阪商工会議所国際ホールで、国際シンポジウム『オリンピックと世界平和』が開催された。この国際会議には、大島鎌吉の畏友《いゆう》、ドイツ五輪委員会会長・ＩＯＣ副会長のウィリー・ダウメをはじめ、スポーツと平和を考え行動してきた哲学者の古在由重、[註10]古くからの陸上競技者であった名古屋大学数学教授・小野勝次らの参加があった。いずれも大島鎌吉とは肝胆相照《かんたんあいて》らす盟友たちである。

さらに、労働者のスポーツ権の問題を、総評の冨塚三夫事務局長に提起させた。ＪＯＣの岩田幸彰元事務局長、世界大学体育連合の副会長・飯塚鉄雄など、まことに多士済々な顔ぶれであった。その席には、孫基禎も指名されて参加した。孫基禎は、自身が選手として味わったベルリン五輪の栄光と屈辱、ボストンマラソン完全制覇、朝鮮戦争が韓国スポーツの発展を阻害した事実などを話し、スポーツには平和が大切なことを力説した。

その後、同年十二月八日には、スポーツと平和の問題で生涯を賭して活躍したフィリップ・ノエル・ベーカー卿（英国五輪協会副会長）が亡くなったことを偲んで、大島鎌吉、川本信正、中野良夫、古在由重などが発起人となって呼びかけた「フィリップ・ノエル・ベーカー卿記念『スポーツと平和を考える会』が、明治大学で開かれた。そこに孫基禎が参加した。

フィリップ・ノエル・ベーカー卿（Philip Noel Baker）は、一九二〇年のアントワープ五輪千五百メートルで銀メダルリスト。軍縮促進運動を鋭意推進していた平和運動家であり、

フィリップ・ノエル・ベーカー

一九五九年にノーベル平和賞を受賞した。広島・長崎の原爆禁止集会にも参加している。IOCのコングレスの基調講演で「IOCとUNESCOの協力で、世界平和を追求したら、両者をノーベル平和賞に推薦する」と演説した。さらに、ユネスコ本部に体育スポーツ評議会（ICSPE・International Council of Sport and Physical Education）を作り、会長として世界の体育・スポーツの発展に大きく寄与した人物である。スポーツマンの中で、オリンピックの銀メダルと、ノーベル賞を受賞した最初の人物でもある。将に"Man of Sport Man of Peace"であった。

日本にも、大島鎌吉（ロサンゼルス五輪三段跳び銅メダル）、古在由重（旧制一高時代やり投げ選手）、中野好夫（旧制三高時代野球部主将）、川本信正（日本初の本格的スポーツジャーナリスト）など、スポーツ文化をこよなく愛し、ノエル・ベーカー卿を敬愛していた人達が多くいた。
こういう人たちが、ノエル・ベーカー卿記念「スポーツと平和を考える会」を立ち上げた。(註11)
大島鎌吉は、私はスポーツと平和に関する宗教＝ノエル・ベーカー教の信者であると言ってはばからなかった。

この「スポーツと平和を考える会」を立ち上げるのには前史があった。

一九八〇年モスクワ五輪ボイコットの時、「スポーツマンの自主性を重んずべし、政治の介入は排除すべし」と声明して、当時の日本体育協会に申し入れた人々がいた。古在由重、中野好夫のほか、丸岡秀子（評論家）、太田堯（東大教授・日本教育学会会長）、淡谷のり子(註12)（歌手）、藤原審爾（作家）らがこれに参加している。

ミセス・サッチャーの、モスクワ五輪参加ボイコット要求を断固はねのけて、モスクワ五輪に参

正面左から大島謙吉、寺島善一、一人おいて古在由重、川本信正、中野好夫。背を見せる中央が孫基禎（1989.12.10）

加した英国五輪協会（ＢＯＡ）で、サッチャーの要請に反対する論陣の先頭を切ったのは、英国五輪協会副会長のフィリップ・ノエル・ベーカー卿であった。

日本で声を上げた人々は、この時のノエル・ベーカーの格調高い文言を声明に引用した。[註13]

一九八三年のフィリップ・ノエル・ベーカー卿記念「スポーツと平和を考える会」の運動は、この一九八〇年モスクワボイコットに反対した人々の理念を継承した運動でもあったのだ。

それまで日本の体育・スポーツ界には、封建的・家父長的人間関係があり、スポーツマンが政治的な発言をすることや、スポーツと平和の問題について発言するという事は稀有であった。ちなみに当時、各競技団体の会長をはじめとする重要な役職は、ほとんど財界の重鎮や、自民党の代議士などといった保守系の人物が占めていた。スポーツは政治的中立でなければならないと言われながらである。

日本に、新たに「スポーツと平和」という課題で行動する人々が現れたということで、マスコミも注目し、ＮＨＫ社会部・大貫康雄氏、朝日新聞・岩垂弘氏などが取材にかけつけた。このフィリップ・ノエル・ベーカー卿記念「スポーツと平和を考える会」に、孫基禎が参加し発言したのである。

呼びかけ人らの挨拶の後、孫基禎は自分の体験をもとに、「スポーツマンは、平和の問題に関心を持ち、平和な社会の構築に参加すべし」と発言した。

その時、司会をしていた私は毅然としたその発言に驚いて、「NHKの夕方のニュースに、この会の模様が放映されます。そうしたら韓国のKBSにも流れるでしょう。軍事政権の全斗換（チョン・ドファン）批判にとられませんか？　NHKのディレクターに話をして、孫基禎さんの部分は消してもらいましょうか」とお聞きした。「寺島さん、私、何か間違ったこと言いましたか？　私の発言で、帰国後、問題になったら私は戦いますよ」と毅然として仰られたことに私はまた驚嘆した。

厳しい状況の中を生き抜いてこられた孫基禎の確固たる信念に触れたこの時のことを、私は深い感動とともに忘れることができない。

その会議の後、戦後三十八年ぶりに訪れた母校・明治大学を懐かしそうに見渡した孫基禎は、同期の「花の昭和十四年組」の皆さんの安否を尋ねた。和田政雄、滝沢寿雄、永松英吉、水谷光三の四氏は、いずれも母校の体育の教師として働いておられると説明した。もし孫基禎が、明治大学在学時代に走ることが許されていれば、明治大学競走部員として箱根駅伝などで大活躍し、教員として採用されたであろうことは想像に難くない。その後の人生もまた変わっていたであろう。

大学院会議室のある十一階から見る中庭には、明治大学のシンボルになっている大きな銀杏の木がある。孫基禎の在学中から植わっていたその銀杏を、じっと眺めていた姿が今も眼に浮かぶ。あの時、孫基禎の心には何が去来していたのだろうか。日本政府の理不尽な要求で辛い留学生活を送っていた、学生時代の思い出が蘇っていたのではなかろうか。

（註8）韓国軍と北朝鮮軍が北緯三十八度線付近で起こした武力衝突は、大規模国際紛争に発展した。米国は国連軍の名の下に在日駐留部隊を中心とする大軍を投入。初め北朝鮮軍が優勢で、朝鮮半島南の釜山《プサン》にまで進攻したが、国連軍は仁川《インチョン》上陸に成功して反撃し、中国国境付近まで北進した。すると中国は大挙義勇軍を送って北朝鮮を援助し、三十八度線を奪回した。ソ連の提案を機に、一九五三年七月板門店《パンムンジョム》で休戦協定が成立、三十八度線に沿って軍事境界線が設定された。
　民族が分断された朝鮮戦争は二十世紀に起きた戦争のなかで、最も破壊的な戦争であったといわれる。戦闘そのものは五三年に終わったが、いまも終結していない。なお、この戦争で日本は米軍の補給基地となり、戦争特需により経済再建の途につくことになった。

（註9）この電報は戦火厳しいなか、こっそりと電報局に行って打たれた。「アジアの優勝」というところに、アジアのスポーツマンが連帯することを希求する孫基禎の思想がにじんでいる。

（註10）進歩的文化人と言われる人たちの間でも、スポーツ文化に対する関心は薄かった。美濃部都知事選挙応援事務所で、古在由重が中野好夫、吉野源三郎らと巨人軍連覇の話をしていたら、高名な婦人運動家（市川房枝）から、「まあ！　古在さんたち、下世話なスポーツの話をして」と言われてしまった。古在由重は、「スポーツが下世話だってよ！」と呆れた顔をしたが、文化人と言われる人でもスポーツに対する認識は低かった。

古在由重は、新たな視点からスポーツ文化を考える仲間を集めていた。旧制一高・東大（哲学）以来の同級生で東大野球部出身の吉野源三郎をはじめ、中野良夫、加藤周一など。大島鎌吉、川本信正などとは頻繁に電話で連絡していた。川本氏の奥さんの話では、古在から電話があると話が長くなるので、電話口に椅子を持っていったとのことであった。お互いに真剣に、日本のスポーツの現在・未来を語っていたのだった。

（註11）この「スポーツと平和を考える会」は、経済評論家・田中直毅氏を招いて「デタント時代とスポーツ」という講演会を行い、翌年には野坂昭如氏に自身が愛好するラグビーの話から、スポーツと平和について話をしてもらう等、年に一回は研究会を開いていたが、政治的圧力で解散せざるを得なくなった。その後、この流れを継承したいという事で「スポーツと平和を考えるユネスコクラブ」が、二〇一七年に結成された。　www.unescosports.info/

（註12）淡谷のり子は、この声明を出す過程でコメントを寄せている。「私は歌手です。歌手は、リサイタルという発表の場に向けて、懸命に練習します。そのリサイタルを、権力の手でやめろと言われたら私は戦います。スポーツマンの皆様も同じでしょう。四年に一回の発表の場であるオリンピックに向けて、懸命に練習してこられました。その大切な発表の場であるオリンピックに行くなという、権力の側からの決定には同意できないでしょう」

（註13）モスクワ五輪参加についての文化人六氏の声明

1　スポーツは疑いもなく人間文化の一つであり、これは基本的人権に属すものです。従って、今度の参加問題にあたっても、その結論は、この場の主体としての民間の代表組織の自主的な決定に任すべきである。そしてそれ以外の力に左右されてはならず、政府としても、勿論この点を無条件に尊重すべきでした。

2　もし外部の力の介入に押されてしまうならば、そのような事態は今後も国際スポーツ界全体に及ぶだけでなく、民間団体の文化活動一般にも次第に同じ運命をたどりかねないでしょう。オリンピック憲章に基づくオリンピックの本質は、決して学術や芸術の諸分野での国際交流と違ったものではありません。

3　スポーツと政治とはそれぞれ独自の分野ではあるが、同時にオリンピック憲章は国連の世界人権宣言と共通する精神に立って、世界人類の平和と友好という崇高な責務の実現を目指しています。『良きスポーツマンシップの気風が持つ、倫理的、社会的、知的な価値は第一級の資産であり、モスクワ大会は暴力と紛争を捨てて、全ての国民の調和と幸福に移る転機となりうる』これはイギリスのノエル・ベーカー卿の言葉です。

4　確かに、近年のオリンピック大会には国家色が見受けられ、特に我が国では諸外国に比べてそれが著しいように見えます。しかし国際オリンピック委員会は、今度の大会を転機としてこの傾向を戒め、オリンピック本来の精神に立ち戻って諸々の改革を目指しています。これは、オリンピックが、友好平和の光栄ある火を一層高く掲げて走り続ける絶好のチャンスです。

⑽ 世界へのまなざし

ソウル五輪で聖火ランナーを務める孫基禎（1988 年）

一九八八年ソウル五輪

一九八一年のバーデンバーデンでの、一九八八年五輪招致合戦に韓国が勝利したのは、孫基禎が旧知のオリンピック関係者を訪ねるなどの献身的な努力があったからでもある。

一九三六年、ベルリン五輪優勝という孫基禎の知名度と、その後の人間関係を絶やさぬ努力があったことが、ソウル五輪誘致の勝因の一つになった。日本は、「韓国の接待外交に敗れた」と言って、真摯に敗因を探求することをしなかった。

そして一九八八年九月十七日のソウルオリンピックで、孫基禎は聖火ランナーに起用された。韓国のオリンピック運動の最大の貢献者である孫基禎が、韓国五輪の何かに関わるであろうことは想像できたが、まさか聖火ランナーになって蚕室《チャムシル》競技場に入場してくるとは想像もしなかった。

聖火を持った孫基禎は、普通の聖火ランナーがするように真っ直ぐ粛々とは走らずに、スタンドに向けて手を振り、ぴょんぴょん跳ねながら走った。一九三六年のベルリン五輪の苦い思い出や、朝鮮戦争で中断した韓国スポーツの事情などを忘れさせるような、幼児の様な天真爛漫さであった。孫基禎の苦難に満ちた人生を知る者にとっては、涙なしに見られない光景であった。

孫基禎の姿は歓喜に満ちあふれていた。母国がここまで発展し、世界の仲間に向けて〝韓国ここに在り〟と発信できる喜びを身体いっぱいに表現していた。そして、五十二年前のベルリン五輪の英雄から、未来の韓国のスポーツの発展を背負う若き三人のランナー、鄭善萬（チョン・ソンマン）、孫美廷（ソン・ミジョン）、金元卓（キム・ウォンタク）に聖火が受け継がれ点火された。

ソウル五輪を前にして、孫基禎がどのようにオリンピックへかかわるのか、聖火ランナーに誰が参加するのか等について、日本や韓国でマスコミの取材合戦になっていた。孫基禎と親しかったのが、当時、東京新聞の伊藤修記者であった。伊藤記者の父はベルリン五輪で孫基禎を取材しており、親子ともども孫基禎と親しかった。

その伊藤記者は、東京新聞第一面で「最終ランナー　孫基禎」のスクープに成功した。伊藤はこの後、中日ドラゴンズの球団代表になる。そして伊藤修と孫基禎の友情から、日韓の野球による新たなスポーツ交流が始まった。

プロ野球の日韓交流

日米プロ野球の交流は古くから読売新聞と毎日新聞が主催して行われてきたが、日韓のプロ野球の交流はそれまでなかった。日韓ということでは、日本から新浦寿雄や宇田東植など在日韓国人選手が移籍して、韓国野球の活性化に寄与していたが、正式な組織的交流はなかったのだ。

日韓国交回復二十五周年と韓国プロ野球発足十周年を記念し、一九九一年から四年に一度、日韓プロ野球交流が開催されるようになる。その主催は中日新聞である。中日新聞は、一九八八年のソウル五輪以来、縁を持った伊藤修記者と孫基禎の友情を頼りに、企画を練り上げた。孫基禎は伊藤の要請を受けて韓国プロ野球界に働きかけ、この企画を成功させた。

その後、韓国野球界のスーパースターであった宣銅烈（ソン・ドンヨル）が、中日ドラゴンズに入団し世間をあっと驚かせた。宣銅烈は後に韓国のナショナルチームの監督を務めることになる。続いて内野手の李鍾範（イ・ジョンボム）選手、強打者の李炳圭（イ・ビョンキュ）選手などが中日に入団した。世にいう韓国・三銃士である。

さらに日韓の交流は深まり、巨人の西本聖、中日の高橋三千丈、門倉健、広島の正田耕三などが、韓国プロ野球のコーチに就任した。ソウル五輪以来、取材される側と取材する側の間柄であった孫基禎―伊藤修の人間関係を軸に、日韓のプロ野球の交流が深まっていった。

スポーツによる日韓の相互理解・友好連帯を進めようとする孫基禎の努力が実を結んだのである。

明治大学特別功労賞

一九八八年ソウル五輪が終わった後、ソウルを訪れた私は、孫基禎を記念するコーナーが漢江沿いの「子供の国公園」〔朴槿恵（パク・クネ）経営〕にあると聞き、そこを訪れた。

赤貧の子供時代の生活を表す衣服に始まり、孫基禎が受け取った数々の表彰状、メダルなどが陳列されていて、その人生を網羅していた。だが、館内を一覧して妙なことに気がついた。日本人として走らされ、ベルリン五輪では金メダルを獲得した孫基禎なのに、日本からの表彰状や感謝状が一枚もないのである。あれほどまで日本のスポーツ界を活気づけた孫基禎に、日本からの賞状が一枚もないのである。

日本に帰り、岡野加穂留学長の部屋を訪れてこの事情を説明した。岡野学長は明治大学の体育会水泳部長、ラグビー部長などを経験し、スポーツに関心の高い学長でもあった。

ＩＯＣ委員になったサッカーの岡野俊一郎氏とは従兄弟でもあった。岡野学長は考え込んだあげく、「明治大学の特別功労賞」を差し上げようと提案した。

古賀政男や三木武夫元総理が受賞している、明治大学にとっては名誉ある表彰であった。岡野学長は俊敏に動き、理事会などの了承を取りつけた。そうした動きを察知した明治大学校友会も動き出した。孫基禎と同期生であった高橋喜久氏が校友会を取りまとめて、校友会としても特別功労賞を出すことになった。

一九九五年、私が主宰していた「明治大学で育ったスポーツマンたち」の講座の中で、表彰しようということになった。この講座は、明治大学体育会が輩出したスポーツマンが、体育会選手としてどのように自己を研鑽し、その後に人生をいかに生きたかという足跡をたどり、顕彰するものであった。

最初の講義は、日本のスポーツ界に幾多の優秀な人材を送り出したラグビー部の北島監督と、野球部の島岡監督を取り上げた。北島監督に関しては、学生時代に京都自工を破り日本一に輝いた時の主将・笹田学さん（横河電機）に登壇してもらった。島岡監督に関しては、中日監督をした後、ＮＨＫの解説をしていて多忙な身ではあったが、星野仙一さん（中日、阪神、楽天の監督を歴任）に登壇していただいた。星野さんは、午後六時から名古屋で巨人戦の解説があるという時にもかかわらず、お世話になった母校のためだといって、大学規定の薄謝で参加していただいた。

その翌週の話題はオリンピック金メダリストの二人、水泳の鶴田義行(註14)（一九二八年第九回アムステルダム五輪、二百メートル平泳ぎ金メダル）と孫基禎であった。この日に合せて孫基禎を表彰することになった。足を悪くされていて当日の参加はままならなかったが、同じく明治大学の経営学部の大学院を卒業されている、子息の孫正寅さんが大きな荷物を携えて出席され、特別功労賞を代理で受領された。

孫正寅さんは、父・孫基禎さんの歓びの言葉を述べられた後、大きな荷物を解かれた。その中から出てきたものは、あのベルリン五輪マラソンの副賞のマラトン戦士の青銅の兜（レプリカ）であった。孫基禎の、明治大学に対する気持ちを表す最高の寄贈物であった。会場にいた大学関係者は、古色蒼然とした立派な青銅の兜に驚いた。

孫正寅さんによって、貴重な青銅の兜を寄贈していただいた理由が述べられた。「かつて他の大学が孫基禎の受験を拒否したにもかかわらず、明治大学が広い心で受験を許可し入学させてくれたこと、日本のスポーツ関係団体が無視し続けていた父の功績を、いち早く評価して特別功労賞を授与してくれたこと等に感謝している」などを述べられた。

明治大学に対する孫基禎の思い入れは半端なものではなかった。孫正寅さんがソウルの大学を卒業し、英国かアメリカの大学院に進学したいと申し出たところ、孫基禎は大反対した。英国やアメリカは許さない、日本の明治大学なら許すと。孫正寅氏は、やむなく明治大学の経営学部の大学院へ進学した。そのくらい、孫基禎は明治大学に信頼と愛情を寄せていたのである。孫基禎の生涯を導いてくれた権泰夏、鄭商熙、南昇竜、彼らはいずれも明治大学出身者である。

現在、この青銅の兜は、明治大学の歴史と伝統を伝える「明治大学博物館」の入り口に飾られている。孫基禎も明治大学の歴史の一ページを書き記した人物であり、博物館に飾られて後世の人々に広く伝えるべき人物であることに間違いない。

（註14）鶴田義行は、一九二八年のアムステルダム五輪水泳二百メートル平泳ぎで優勝している。なぜか日本では、織田幹雄が最初の金メダリストと言われて、鶴田の名前が出てこない。織田の場合、競技日程が早かっただけである。鶴田は次の一九三二年ロサンゼルス五輪でも優勝している。

(11) かなった夢と死出の旅

一九九二年バルセロナの黄永祚

孫基禎にとって長年の夢であった、オリンピックマラソン韓国優勝の悲願が達成されたのは、一九九二年バルセロナ五輪の時である。孫基禎が気にかけ、本人に国籍を変更させてまで、韓国人選手のオリンピック優勝を託したのは金哲彦[註15]（キム・チョロン）であった。しかしその金哲彦は、韓国の国内予選で負けてしまった。

韓国代表としてマラソンに出場したのは黄永祚（ファン・ヨンジョ）であった。

八月九日、これは孫基禎がベルリン五輪マラソンで優勝した日と同じである。そんな縁を感じながら、孫基禎はレースを見守った。モンジュイックの丘を競り合いな

孫基禎と黄永祚（左）

がら登ってきたのは、韓国人ランナー黄永祚と日本人ランナー森下広一であった。最後に競り勝ったのは黄永祚であった。

孫基禎は最高の歓びに包まれた。長年、韓国のメダルとして認定されてこなかった自分自身のマラソン金メダル、それが今度はまぎれもなく韓国人、黄永祚の手によってもたらされたのである。孫基禎は、黄永祚の胸に飛び込んで涙を流しながら抱きしめた。そこで黄永祇にささやいた。「これで長年の恨がはらされた」と。

数奇な運命をたどった孫基禎が待ち望んだ瞬間であった。一九九六年のアトランタ五輪のマラソンでも、李鳳柱（イ・ボンジュ）が二位に入り、マラソン王国韓国の復活の兆しを見せた。

二〇〇二年サッカー・ワールドカップ

サッカー・ワールドカップの招致をめぐって、日本と韓国は熾烈な戦いを繰り広げていた。韓国は、ヨーロッパサッカー連盟会長のヨハンソンに依頼して、支援の拡大に努めた。日本はブラジルのアベランジに協力を求めた。数多くの連盟を抱えるヨーロッパサッカー連盟の支援は強力で、韓国の誘致は有利に進んでいた。

ベルリン五輪以降、日本のスポーツマン、大島鎌吉、田島直人らと交流を深めていた孫基禎は、日本との「共催」はできないものかと考えた。

その当時の韓国は、日本との文化交流が乏しく、流行歌なども韓国に取り入れることはできなかった。また日本でも、植民地支配以来の韓国人蔑視の観念が根強くはびこっていた。こうした状況を、スポーツの交流で打破できないものか。韓国スポーツ界では、およそ無理なことだと考えられて、日韓共催のことを言うと「親日」[註16]のレッテルを貼られて非難される状態であった。だが孫基禎は共催を夢見ていた。孫基禎の視野には、今後の日韓関係に共催がもたらす大きな効果が見えていた。韓国サッカー協会の会長の鄭夢準（チョン・モンジュン）を訪ねて、日韓共催を勧めた。

しかし、単独開催に激しいエネルギーをつぎ込んでいた日本のスポーツ・サッカー関係者にとって、この日韓共催はかなりの衝撃であった。アジアにおけるスポーツの盟主の地位が危うくなるという危機意識が強かったのである。日韓共催を、積極的に推進することにためらいのある人たちは、「日韓分催」だと言い出す人もいた。

そんな中で、一九九八年パリのワールドカップ予選を、韓国と日本で戦っていた一九九七年十一月のソウルのスタジアムに、“Let's go to France together”（一緒に行こうフランスへ）の横断幕が掲げられた。韓国の民衆レベルでの、日韓共催への地ならしはできていたのである。二〇〇二年の共催の意義は、競技団体や為政者の想像を超えて、両国の若者の中に浸透してゆくのであった。

私も明治大学の授業で、「日韓共催サッカーW杯を超えて—スポーツ、平和、共生」という総合講座を山脇啓造助教授と共同で開催した。

その第一時間目の授業で、私は孫基禎さんの人生、ベルリン五輪などの話をした。授業の最後に、孫基禎自伝に書かれていたあとがきを読んで講義を終わろうとし、そのあとがきを読み始めた。

「…マラソンの優勝は、私自身の悲しみ、わが民族の悲しみをイヤと言うほど噛みしめさせるだけであった。国の無いものにとって、優勝の栄光は全く無意味なものであった。国を持つ民族は幸福である。祖国の土でのびのびと走ることを誰が止めようか？ …祖国の青少年たちが勇気をもって、自分のため、国のため、何か一つの目標を掲げ、一生懸命努力して、その目標達成に邁進してほしい…頂上に向かう道はいろいろあるにせよ、努力なしで到達できる道は一つもない」

こうして文章を読み上げているうちに、孫基禎さんの辛かった人生を想起して、不覚にも涙が出てきてしまった。翌日、学生間には「教授が教壇で泣いた…」というメールが飛び交った。講義の最後に、「孫基禎さん、あなたの人生の宿願でもあるW杯サッカー共催を見守ってください。東アジアの人々の連帯の力強さを見届けてください」と呼びかけた。

この講義は、金曜五限という時間にもかかわらず、多数の学生が出席し、その関心の高さが現れた。参加学生の中のアンケート調査では、「良かった」という評価が九割近くあった。孫基禎のスポーツと平和に賭ける思い、それが国境を越えて両国の相互理解に繋がるという思いが、明治大学の後輩学生諸君に伝わったと思われる。

二〇〇二年の日韓共催は、双方の思惑をはるかに超えて日韓の連帯を強めた。東京の新大久保で、大阪の鶴橋で、両国の青年たちが肩を組んで応援する光景があちこちで見られた。「テーハミング！」「日本、チャチャチャ」日韓の青年たちが、お互いのチームを応援するコールが谺《こだま》した。そこには、長年にわたって日本国民に擦り込まれた、韓国人に対する差別感情はなかった。

その後、ヨン様演じる『北のソナタ』などで「韓流ブーム」が巻き起こったのは記憶に新しい。韓国における日本の歌舞音曲の公認などで、日韓の交流が一気に深まった。

この日韓共催は、モスクワ五輪ボイコット強要など政治の理不尽な介入に悩まされていたスポーツの世界で、政治の壁を越えて民間の交流を促進するという画期的な出来事であった。スポーツが世界の青年の友好連帯・相互理解を促進するという、オリンピズムを信じて活動してきた孫基禎にとっては、長年の夢が実現したこととなった。

孫基禎が、サッカー・ワールドカップの成功を見届けて、静かにその人生を閉じたのは、二〇〇二年十一月十五日であった。

（註15）金哲彦は、学生時代、早稲田の長距離ランナーで、箱根駅伝では山登りのスペシャリストとして大活躍していた。その当時は木下という、通名を名乗っていた。孫基禎は彼の素質を見抜き、マラソン転向を勧めた。木下は韓国籍を取ってバルセロナの五輪代表を目指した。

（註16）韓国では保守層が、日本と親しくしようとする人を「親日」と言って非難してきた。本来の意味は、帝国主義日本の支配下で、日本の手先になった人への言葉であったが、日韓友好を唱える孫基禎にもこの言葉が浴びせられることがあった。

第二部　蘇る孫基禎の人とスポーツ哲学

晩年の孫基禎

(1) 孫基禎を偲んで

日本人関係者不在の葬儀

孫基禎の葬儀は、二〇〇二年十一月十七日、三星ソウル病院で挙行された。ニュースで訃報を聞いて航空券を手配し、ソウル在住の友人にホテルを取ってもらって、葬儀に急遽かけつけた。ところが、日本のスポーツ関係者が見当たらない。

韓国が日本から独立した後、本人と韓国五輪委員会が、JOCなど日本のオリンピック関係機関に、孫基禎の金メダルを韓国のものとしてカウントしてほしいと、再三お願いした。しかし、断固として日本のものだと主張して譲らな

孫基禎の葬列（2002年11月17日　ソウル）

かった。そのＪＯＣ、その関係者が誰もいない。

ありえない光景であった。孫正寅さんは、日本の子供たちにこの話をする時に、「日本がカウントしている金メダルのうち、国内に存在する金メダルは一つ足りない。それは韓国にある」と言って、この金メダルの問題を、日韓の悲しい歴史を考えるきっかけにしてほしいと語りかける。

日本が決して譲ることのなかった「日本」の金メダリストの葬儀である。あまりも不可解な日本のスポーツ関係者の態度に、私は言葉を失った。その時の様子を、私は次のように書き残している。

「十一月十七日のソウルの朝は雪であった。…しんしんと降る雪のしじまが、孫基禎死亡の悲しみをより一層増幅させていた…正面に飾られた孫さんの遺影は静かに微笑んでいた。孫さんの辛い激動の人生を感じさせない温和な表情であった。

葬儀場入り口には、歴代大統領と韓国体育会会長、オリンピック委員会委員長からの供花であふれかえっていた。ところが、日本の体育スポーツ界からのものは一つもなかった。

過去のいきさつはともあれ、何故、日本の体育・スポーツ関係者は、参列はともかくとしても、供花の一つも出さないのであろうか…」（『体育科教育』二〇〇三年一月号）

無念な思いを胸に遺影の前で献花をし、「あなたの、スポーツを通した日韓の相互理解・友好連帯の夢も、二〇二〇年W杯日韓共催を契機に実現しつつあります。安らかにお休みください」と祈らずにはいられなかった。

当日、葬儀に参列していた芥川賞作家の柳美里（ユウ・ミリ）さんも、朝日新聞に投稿した記事の中で、同様の感想を述べられている。

オリンピックゴールドメダリスト孫基禎の葬儀に、日本のスポーツ界関係者の参列が一人もいない。これが未だ続く現実だった。

葬儀を終えて帰国した孫正寅さんに、日本からの参列、供花、香典、弔電はなかったのかと確認した。ゼロであったという答えを聞いた。そこで私は、孫基禎に特別功労賞を授与した岡野加穂留前学長を訪れ顛末を報告した。岡野先生も憤慨されて、私になんとか偲ぶ会を設定するようにと指示された。韓国民団の裵哲恩（ペ・チョルン）氏に相談し「孫基禎先生を偲ぶ会」を企画した。そして、朝日、毎日、読売に行事企画を載せてくれるよう依頼した。

偲ぶ会

二〇〇二年十二月二十一日（土）十八時から二十時まで、明治大学リバティタワー一階一〇一一教室で、偲ぶ会は開催された。年末の、雨の降る寒い夜にもかかわらず、教室は二百人以上の参列者が集まり、教室の外まで人があふれた。新聞記事で偲ぶ会を知ったという、マラソン指導者の小出義雄氏の顔も見えた。

孫基禎先生を偲ぶ会は、黙祷に続いて岡野加穂留前学長の開会の挨拶があった。岡野先生は、「孫基禎さんは世界的なスポーツマンで、韓国の国民的英雄だった。戦前の日本の全体主義のもと、想像を絶する苦しみを味わいながらも、絶対に希望を失わなかった。国際的にも名声の轟いた明治大学の誉である。しかし歴史の中でその存在が消え入りそうになっている。我が明治大学は、孫基禎さんの人生を語り続ける義務がある」と話し、「孫基禎さんの人生を、明治大学の学生に話し続けることをしよう」と言って話を結ばれた。そして、そのことを私に委託された。

次に、故人の赫々たる略歴が、在日大韓体育会専務理事の鄭龍男（チョン・ヨンナム）さんによって紹介された。その後、ビデオに編集した「孫基禎さんの生前の姿」が上映された。

ＪＯＣ会長代理として副会長の林務氏（水連副会長・明治大学卒）から追悼の辞があった。ソウルの葬儀には一人もいなかった日本のスポーツ関係者も、ここにきて初めて姿を見せたのである。日本陸連の河野洋平会長、ＪＯＣ会長の竹田恒和氏からの弔文も届いた。

遠路はるばる雨の中、来場していただいた小出義雄さんにもお話をお願いした。「孫基禎さんからマラソンの指導の要諦を教わり、それが高橋尚子の金メダルに繋がった」という話であった。

続いて寺島が「孫先生と明治大学」と題して報告した。スポーツジャーナリストの谷口源太郎さんの「孫先生と日本のスポーツ界」と題する報告が続いた。

バイオリニストのジョン・チャヌさんの生演奏は、その場を鎮め、いやがうえにも偲ぶ会の厳粛な雰囲気を醸しだした。各界からの追悼メーッセージが読み上げられた後、参加者全員の献花が行われた。最後に家族を代表して、長男の正寅さんから謝辞が述べられた。

ひとりの政治家から大きな供花が届いていた。現在、日韓の友好のために尽力されている、二階俊博先生からであった。二階先生の気働きに感激をした。

初場所を前にした幕内力士、玉力道関（現・松が根親方）の姿も見えた。彼は明治大学の商学部で、私の授業に参加していた。「初場所も近いし、付け人も外で寒いし、君の気持ちはよく分かったので早く部屋に帰ったら」と、私は彼の早退を勧めたが、彼は最後の献花までいると言って帰らなかった。同じ明治大学の偉大なスポーツマンで、同胞の先輩の偲ぶ会には、最後まで参列したかったのであろう。

岡野加穂留前学長との約束だった、明治大学で孫基禎の人生を語る授業は毎年続けられた。教壇の上に、寄贈された青銅の兜を置いて。子息の孫正寅さんをお呼びして行ったこともある。

授業後の学生のアンケートには、「日本の朝鮮半島支配の歴史の一端を知った。日本における朝鮮人の問題を考えることができた」という反応が多くあった。また、「自分は在日であることを隠してきたが、こんなに立派に生きた先輩がいることを知り、今日から韓国人として生きてゆくことに自信がついた」と言い出す学生も現れた。

生きた歴史の教材として、意味のある講義になった。

この孫基禎さんに関する講義は、総合講座という形でも続けられた。また、明治大学商学部のドイツ語のコバリク・ユタ助教授は、ゼミの授業でベルリン五輪の話をしていた。孫基禎さんのことをもっと学習したいので資料をくださいと、彼女に求められたこともあった。

岡野前学長の言う「孫基禎さんの歴史を語り継ごう」という言葉は、様々な形で継続・発展していった。

ヨーロッパの人びとに伝えたい

二〇一〇年に明治大学の客員教授として迎えた英国のイアン・マクドナルド博士（Dr. Ian MacDonald　当時ブライトン大学、現在はニューカッスル・アポン・タイン大学）は、スポーツドキュメンタリー制作の専門家でもあった。

その彼は、孫基禎の存在を名前だけでしか知らなかったが、明治大学博物館に展示されているマラトンの青銅の兜をみて、知的好奇心がむらむらと沸き起こり、客員教授として明治大学に滞在中、孫基禎のことを懸命に調査・学習した。そして数奇な運命に翻弄されながらも、「スポーツと平和」の問題に真摯に取り組んだ孫基禎の壮烈な人生に驚き、孫基禎のことをドキュメンタリーフィルムにして、ヨーロッパの人々に映像で知らせたいと考えはじめた。そして子息の孫正寅さんを横浜の自宅に訪ねて、その制作の許可を願い出た。

だが、そうこうしている間に、ドイツの公共放送のZDFに先を越されてしまった。ドイツでは、一九三六年のベルリン五輪マラソン優勝者・孫基禎のことを、老人の多くは知っているが若い人は知らない。このことを危惧したZDFのディレクターのフリーデマン・ホッテンバッハ（Friedemann Hottenbacher）は、ドキュメンタリーフィルムの作成を試みた。二〇一六年、リオデジャネイロ五輪の前に来日し、明治大学、寺島、孫正寅さん等を取材した。その後、韓国に渡って綿密に取材し、ちょうどリオデジャネイロオリンピックの直前、二〇一六年七月にドキュメンタリーフィルムを完成させた。

そのDVDが送られてきた。添えられていたホッテンバッハのメモには、「二〇一六年のリオデジャネイロ五輪を考える時、この孫基禎の生涯を紹介したストーリーはオリンピック運動に対して重要な問題提起をした。ドイツ国内では大好評だった」とあった。ドイツは、IOC現会長・バッハの地元でもある。

時間の経過とともに、リーフェンシュタールの映画『民族の祭典』で描かれた孫基禎の印象が薄れる中、新たに英国人イアン・マクドナルド、ドイツ人フリーデマン・ホッテンバッハなどによって、孫基禎の人生がふたたびクローズアップされたのだ。孫基禎の人生が、我々に語りかけてくるものの大きさが、彼らをしてそうさせているのであろう。

これまでドイツでは、孫基禎の名前は五輪マラソン優勝者として知られてきた。しかし近年は、それだけではなく、孫基禎の「生き方」が評価されて、その名前と彼に対する賛辞が韓国、アジアのみならず広くヨーロッパにまで広がっている。孫基禎の、無私な、スポーツによる人間形成にかけた夢、スポーツを通した友好連帯にかけた夢。これらが再度浮かび上がって、世界中の人々に関心を呼んでいるのだろう。

柳美里さんは次のように言う。「オリンピックを心待ちにしている日本中の人たちに孫基禎選手の人生を知ってほしい。彼の人生は私たちに、国家とは何か、国民とは何かを問いかけている」。

生誕百年とロンドン五輪

二〇一二年ロンドン五輪の直前に、孫基禎の生誕百年を迎えた。明治大学では、「孫基禎生誕百年記念シンポジウム」を開くことにした。

孫基禎の思想とその人生は、多くのことを我々に語りかけてくる。二〇一二年ロンドン五輪を前に、その思想と行動から、オリンピックとは何か、スポーツとは何かを学ばねばならないと、私は考えたのである。

現実のオリンピックは、実に多くの問題を抱えている。政治的思惑からモスクワ五輪のボイコットが発生した。一九八四年のロサンゼルス五輪から採用された商業主義は、スポンサーや放送会社、広告会社に多大な利益をもたらした半面、スポーツ本来の姿を大きく歪めた。また、オリンピック大会には政治的な国威発揚と、そのための勝利至上主義＝金メダル至上主義が広がり、ドーピングが蔓延している。「このままではオリンピックに将来はない」とまで言われている。

　こうした状況の下で、このシンポジウムでは、セバスチャン・コー組織委員会委員長の率いるロンドン五輪は、いかなるオリンピックにしようとしているのかを考えると同時に、孫基禎のオリンピックに求めた夢―オリンピズムなどを検討しようとしていた。

　オリンピック運動の改革が求められていた時に、ロンドン五輪招致委員会のセバスチャン・コー（Sebastian Coe）会長は、二〇一二年ロンドン五輪は、オリンピック運動に新しい「レジェンド（Legend）」と「レガシー（Legacy）」をもたらすと宣言した。

　これは、二〇〇五年にシンガポールで候補地を争った時に、対抗馬のフランスのシラク大統領が前日のパーティーで、「美味しいものを食べたかったら、パリに投票してください。ロンドンは世界で二番目に食事のまずいところです」と軽口をたたいたことに始まる。

　これを聞いた、ロンドン五輪招致委員会のセバスチャン・コー会長は、次の日の立候補演説で、シラクの軽口を徹底的に皮肉った演説をした。「オリンピックとは何か」という根源的なところから演説を始めたのである。その骨子が、「レジェンド」と「レガシー」であった。

セバスチャン・コーは、二十一世紀の多文化共生社会における「スポーツ」の意義をロンドンの例を中心に語っている。ロンドンに在住する、多くの外国人の間を結びつけたものは「スポーツ」であったことを力説した。さらに、英国の産業革命時に、農村から都会に流出してきた労働者の間を結びつけたのもスポーツであったと主張した。(註17)

スポーツの持つ「相互理解・友好連帯」を促進するという機能を再認識することの重要性を強調したのであった。これはオリンピズムの根底にあるものでもある。

オリンピック運動が残してきたものは何か、これからのオリンピック運動はどうあるべきか。——この「レジェンド」と「レガシー」という概念を設定して、セバスチャン・コー委員長は、その課題を追求しようとした。それは、孫基禎が生涯をかけて追及した課題でもあった。

生誕百周年記念シンポジウム

二〇一二年六月九日(土)「孫基禎生誕百周年記念シンポジウム」は、明治大学リバティタワー一階のリバティホールで、午後二時〜五時の間で挙行された。三百人収容できるこの会場は、あふれんばかりの人であった。遠くソウルからは、孫基禎記念財団理事長・李俊承(イ・ジュンスン)さんが参加し、北は北海道から南は九州まで、孫基禎に縁のある人、尊敬する人などが数多く集まった。また、NHKをはじめ共同通信、韓国のKBSなどのメディアも多数集まり、その関心の強さがうかがわれた。

生誕100周年記念シンポジウムのポスター

記念式典の第一部は、明治大学学長・福宮賢一、韓国民団団長・呉公大（オ・コンテ）両氏の祝辞で始まった。

続いて基調報告として、寺島が「孫基禎さんの人生―その思想と行動」と題して三十分ほど講演した。「スポーツは人間教育に資する。スポーツマン同士のリスペクトから、相互理解が生まれ友情が深まる。国際相互理解・連帯に繋がる」と確信して、行動を続けた孫基禎の人生について、パワーポイントを示しながら報告した。植民地支配下で受けた過酷な仕打ちを恨むこともせず、日韓のスポーツマン同士の交流を深め、日韓のスポーツ界の架け橋になったことも報告した。

孫基禎の行動は、スポーツによる国際相互理解を希求するオリンピズムの精神を体現する。それゆえ二〇〇二年サッカー・ワールドカップ日韓共催の成果が示すように、混迷を深める東アジアの政治事情を打開するものになると指摘した。

その後、「孫基禎さんの思い出」を、交友のあった森川貞夫（日本体育大学名誉教授）、伊藤修（元東京新聞運動部長・中日ドラゴンズ球団代表）、柳美里らが話した。金哲彦（前日本陸連女子長距離マラソン部長）は、当日ロンドン五輪予選に選手が出場するという事でやむを得なく欠席したが、ビデオメッセージを送ってくれた。

休憩をはさんで第二部シンポジウム。「現代スポーツ・オリンピックが、孫基禎さんの思想と行動から学ぶもの」と題して行われた。シンポジストは柳美里さん、伊藤修さん、スポーツジャーナリストの谷口源太郎さん。そこには、広沢克実さん（元ヤクルトスワローズ・阪神・巨人、テレビ解説者・明治大学文学部卒）の参加もあった。

最初のスピーカーとなった谷口源太郎さんは、鋭い語り口でスポーツと平和に対する孫基禎の実践、国際相互理解・友好連帯＝オリンピズムに対する思想と行動にもっと学ぶべきだと力説された。

次に、伊藤修さんは、記者として取材対象であった孫基禎から受けた暖かい思いやりや、日本で最初に、中日球団が韓国プロ野球界とかかわりを持てたのは、孫基禎さんの並々ならぬご努力のおかげであると発言された。ビデオメッセージの金哲彦さんは、何くれとなく優しく助言をいただいたことに感謝した。

胸を打つ柳美里の秘話

このシンポジウムでの、柳美里さんの発言が参加者の胸を打った。柳美里さんの祖父は優秀なマラソンランナーで、幻となった一九四〇年東京五輪の候補者であり、孫基禎から薫陶を受けていた。柳美里さんは、孫基禎との最初の出会いを詳しく語ってくれた。「マラソンの練習も、小説を書くという事も、幾多の困難を乗り越えなければならない長い道のりだが、頑張りなさい」と激励され、その後の言葉が衝撃的だったという。

「君とこうやって話をするのに、母国語で話をすることが出来ないことは悲しいことだ」孫基禎は、民族の魂である〝言語〟を奪われた歴史を悲しみ、柳美里さんには文学者として、〝言語〟を大切にして欲しいと思ったのである。

柳美里さんは、孫基禎の言葉に胸が詰まり、その後韓国語の学習に励まれたという。広沢さんはロサンゼルス五輪野球の金メダリストで、カンボジアの少年野球に私財を投じて援助をしていた。孫基禎のスポーツによるアジアの連帯の重要性を、自ら実践する中で感じていると報告した。孫基禎さんは、明治大学の先輩として同胞として尊敬できるので、今後も孫基禎さんの跡を追いたいとの発言があった。

最後に孫正寅さんが遺族を代表して挨拶された。「父は悲劇のマラソンランナーと言われたが、私はとっても幸せな人間であったと思う」「大好きなマラソンの選手として、指導者として、人生を貫けたことは、本当に幸せだったと思う」と話した。そして、「現在、父の金メダルが、日本人の獲得したメダルとして数えられていることは、日韓の悲しい歴史を象徴することとして、事実を直視してください」と結ばれた。

このシンポジウムには、孫基禎を偲び、彼の思想と行動を学ぼうとする多くの人々からメッセージが届けられた。ドキュメンタリーを手がける英国のイアン・マクドナルド博士からもメッセージが届いた。

「真の五輪精神を体現したヒーロー」と題したそのメッセージには、孫基禎さんがベルリンで、ジェシー・オーエンスや、アーネスト・ハーパーと築き上げた友情を高く評価し、孫基禎を「真のオリンピズムの体現者」と表現している。

メッセージには、「孫さんの何が素晴らしいかと言えば、彼は決して、日本人・日本国家に対して根深い憎しみや、敵意を持たなかったことである。孫基禎さんは、スポーツが人種差別や国威発揚などに、さらに、不当な不正義や政治に使われるべきではないと確信していた。スポーツは、平和と国際連帯にこそ、力を発揮すべきだ。真のオリンピズムは、スポーツは世界の相互理解の手段として使われるべきだと繰り返し講演されている。八八年のソウル五輪開会式で、聖火トーチを手に喜びに満ちた孫基禎さんの姿は最も心温まる、瞬間でした」とあった。

まさに、孫基禎の思想と行動が、遠く、ヨーロッパ・英国でも理解され、真のオリンピズムの体現者としての評価を受けているのである。

さらに、日本体育学会会長の、山西哲郎（群馬大学名誉教授）さんからもメッセージが届いた。そのタイトルには「孫基禎氏の生き方、私のミッションを発見」とある。孫基禎さんの思想と行動が、山西名誉教授の研究に、大学教師としての生きざまに、大きな影響を与えたと書かれていた。

孫基禎の長い人生の、実践・行動・発言が、こうして折につけ、洋の東西を問わずに語られる。特にオリンピックイヤーになるとその動きは増幅される。

それは、「スポーツとは何か」「オリンピックとは何か」と考えるときに、孫基禎が走り続けてきた人生が、大きな視座を与えてくれることを意味している。孫基禎の人とスポーツ哲学は語り継がれて不滅である。

（註17）英国の産業革命では、エンクロージャーで農村から都市に流動して労働者になった者にとっては、隣人が何物か理解しがたかった。そこで、路上やコモンでやるフットボールがお互いを理解しあう原点になった。今でもフットボールチームの名前には、街や工場の名前が多くある。同じように植民地から流れ着いた人びとも、スポーツでお互いのコミュニケーションをとり、生活になじんでいった。セバスチャン・コーは、そうしたロンドンだからこそ、「ロンドン五輪の百メートルのスタート

ラインに立つ外国からの選手を応援するロンドン市民は必ずいる」と言い、多民族が共生しているロンドンにおける、市民とスポーツ、五輪のつながりを強調した。

(2) 夢の彼方に

朝日新聞社の稲垣康介記者は、二〇一八年平昌オリンピックの模様を、「ザ・コラム」の中で次のように書いている。

「原稿を打ちながら不覚にも涙ぐむ自分に驚いた。…原稿はすぐに仕上がった。この物語を早く知らせたいその気持ちが後押ししたのだと思う。

平昌冬季五輪のスピードスケート女子五百メートルで、小平奈緒の金メダルに立ち会う幸運に恵まれた。レース後、三連覇を逃した、李相花の瞳から涙があふれた。

『イ・サン・ファ』コールが観客席から沸き起こる。李相花は太極旗を持ってリンクを回り始めた。待っていた小平に李は抱きかかえられた。耳元でささやかれると、小平にしがみついた。心から信頼する人間にしか、あんな風に身をゆだねたりしない。最強のライバルの絆の深さ。私は知らなかった。小平と李相花の友情物語は、二人が並んで座った記者会見の席で明かされた。

『チャレッソ』。小平は韓国語で『よく頑張ったね』とねぎらい、さらにこう言ったという。『プレッシャーの中でよくやったね。今でもまだリスペクトしてるよ』。記者人生二十六年

レース直後の小平奈緒と李相花（2018年2月18日平昌）

で初めて、その場に居合わせたすべての人が優しい気持ちになれる記者会見であった」

また、小平は朝日新聞のインタビューでこう話している。

「友情というきれい事だけではなく、二人で積み上げてきた絆があります。私がだめだった時は、一緒に泣いてくれて、彼女から力を貰って、次のステップに進めたことが何度もありました」

スポーツにおいてライバルは、「敵」ではなく自分を高めてくれる貴重な「仲間」なのだという強い自覚。そこからひとりでに出てくる、相手へのリスペクトと友情。スポーツの真髄を小平と李相花は、誰の目にもわかるかたちで示したのだ。

孫基禎が、生涯をかけて追求してきた「夢」がここ韓国の平昌五輪で実現した。ベルリン―ボストン―日韓共催W杯サッカー―平昌へとその「心」は受け継がれていった。

スポーツの相手は敵ではなくリスペクトの対象であり、貴重な仲間なのだという孫基禎が言葉に込めた思いは、さまざまなシーンで現れる。

「Japanese Only！（日本人以外お断り／日本人に限る／日本人専用）」と言う横断幕を掲げたサポーターがいて、スポーツにおける人種差別に対する責任を取らされた浦和レッズは、チームとして反省し、差別に対する研修を重ねた。

その後の、二〇一七年八月十五日のＪリーグ・ルバンカップの優勝者として、南アメリカのコパ・アメリカーナ代表のシャペコエンセを迎えた埼玉スタジアムでの出来事である。

シャペコエンセは前年の、南アメリカクラブチーム代表を決める試合に向かう途

シャペコエンセの不幸を悼む横断幕を掲げる浦和レッズのサポーター
（2017年8月15日　埼玉スタジアム）

中、チャーター機が墜落して多くの選手・スタッフを失っていた。その事情を知る浦和レッズのサポーターは、ゲームが勝利に終わった後に、自分たちの応援席にポルトガル語で書かれた横断幕を掲げた。「もう一度、世界の舞台で戦う事を楽しみにしています。有難う友よ！」シャペコエンセの選手はこれを見て感動し、自らのユニフォームを観客席に投げ込んだ。

スポーツは世界の共通言語である。スポーツは国境を越えて心を繋ぐことができることを、如実に示した出来事だった。

そしてまた、二〇一九年一月の、全豪オープンを制した大坂なおみの勝利インタビューにも、トップアスリートとしての素晴らしいエスプリがちりばめられていた。まず対戦相手のクビトバ（チェコ）選手が暴漢に襲われ、利き腕に大怪我を負ったことを慰め、そこから懸命の復活を遂げての決勝の善戦を称えた。強い相手であるクビトバ選手故に自身も緊張し、全力を出して戦えた歓びに感謝した。そして大会運営を助けてくれたボールパーソンには、炎熱下での仕事をねぎらった。そして最後に、今まで自分を支えてくれたコーチを始めとしたチームと家族などに感謝した。

咄嗟のインタビューで、「何を言っていいかわからない、予定してきた言葉は忘れてしまったごめんなさい」と言いながらの発言であった。まさしく彼女の普段の思いがそのまま出たのであろう。二十一歳の彼女は、スポーツの真髄を体内に育んでいるのであろう。

近代スポーツ発祥の地、英国にはスポーツに関する古い諺がある。「ゴルフ（スポーツ）において、より重要なのはルールではなくてエチケットである」と言う。ルールが重要ではないスポーツはあり得ない。しかし、ルールという外的拘束力にも増して、プレイする仲間に対する気働き、思いやりが大切だと言うのである。スポーツが人間の文化として、我々の生活に多くの潤いをもたらすものにするためにも、一緒にプレイする「仲間」を大切にしなければならないという、英国人の経験からくる言葉である。

小平奈緒と李相花、浦和レッズのサポーター、大坂なおみなどの行動は、スポーツにとって何が重要なのかを教えている。

孫基禎が長年培ってきた「スポーツ哲学」＝スポーツに対する認識は、その事の重要さを示唆している。

エピローグ　歴史事実と日韓の相互理解

学徒兵募集演説を「生涯を通して最も痛苦な思い出」と語る孫基禎さん。左は著者（1995 年 8 月）

第一部で書いたように、孫基禎さんが残した最後の言葉は「箱根駅伝を走りたかった」というものだった。

日本の軍国主義と植民地支配が、栄光のベルリンマラソン優勝者であり明治大学の学生であった孫基禎さんに、箱根駅伝を走らせなかったという歴史的事実は、毎年正月の人気番組である駅伝中継でも語られたことがない。

孫基禎さんとお会いした時に、「自分の生涯を通して、最も痛切な苦い思い出」と言って聞かされたのは、あの学徒兵募集演説のことだった。朝鮮の前途ある有為な若者を前にして、「天皇陛下のために死んでくれ」という学徒兵募集演説はどれほど辛く、屈辱的なことであっただろうか。孫さんの、人としての良心を踏みにじるものであったことは疑いない。

そして私は、ベルリンマラソン優勝後、韓国に凱旋した時の写真が忘れられない。特高警察・憲兵隊員が両側でがっちり拘束して、まるで犯人逮捕のようだった。これがオリンピックの華であるマラソンの優勝者、孫基禎さんに対して日本がとった行為である。

歴史的事実を認識し、深く反省して未来を語るという作業は、日韓の相互理解と友好連帯に欠かせないことである。

この評伝をお読みになった皆様には、孫基禎さんの人生に現れた朝鮮植民地支配が、いかに人間の尊厳を踏みにじり、土足で人の心を踏みつけたのか、その歴史の一端に思いをはせていただきたい。連行される写真の、困惑し、悲しい目をした孫基禎さんの顔は、そのことを物語っている。

だが、植民地支配のもとで受けた非人間的な差別・弾圧に、彼が恨みを持つことはなかった。韓国選手が出場できなかった一九五一年のボストンマラソンで、優勝した日本人選手・田中茂樹のもとに、朝鮮戦争の激しい戦火の中から心温かい電報を打っている。「田中君の優勝は、アジア人の優勝です。こころより祝福します。ソンキテイ」。その気持ちを思うと私は胸が熱くなる。

一九八三年の明治大学で開かれた「スポーツと平和を考える会」に参加した孫基禎さんは、スポーツマンは平和の問題に真摯に向き合わなければならないと呼びかけた。そして自身が尽力された二〇〇二年のサッカー・ワールドカップ日韓共催が両国間の深い溝をうめ、文化・スポーツの交流に寄与したことは記憶に新しい。

孫基禎さんの人と思想を胸に、我々も世界の友好連帯の促進にスポーツで何が出来るか、何をすべきかを考えなければならないと改めて思う。

二〇二〇年東京オリンピックを主催する日本は、そのオリンピック憲章に書かれた、「スポーツを通して世界平和に寄与しなければならない」という精神を十全に発揮しなければならない。五輪誘致といえば滝川クリステルが象徴的に使った言葉を思い出す。外国からのお客様に対して「おもてなし」と言うより前に、本当にそれを言える日本でなければならないだろう。現実社会の中で生きている人々が貧困に苦しむことなく、差別もなく、多様性と人間の尊厳を認め合うことのできる社会であってこその言葉である。

原発被害や、震災被害で、未だに仮設住宅に住む人が多くいる。その人たちが、「復興五輪」と銘打った華やかなオリンピックを、仮設住宅のテレビで見ざるを得ない状況を、どのように考えるのか？　なにが「復興五輪」なのか？　「東京五輪」に浮かれるまえに、人間の痛みが分かる感性を磨きたいものである。

また、劣悪な状況下に置かれる外国人技能実習生問題や、未だに止まらないヘイトスピーチなどの問題を解決して、本当に豊潤な「多文化共生社会」としての東京・日本を作り上げ、それを広く世界に知らしめることができてこそ、真の意味で心のこもった「おもてなし」ということができるのではなかろうか。

まだまだ解決しなければならない課題は山積している。

ヨーロッパでは、サッカー界を中心に、反人種差別（Anti Racism）の運動が大きなうねりになり、スポーツ界全体の運動として展開されている。スポーツは相手を尊敬することから始まる。人種差別主義（Racism）は、このスポーツの根源に関わる問題である。

ドーピング対策同様に、反人種差別も重要な課題として、二〇二〇年五輪組織委員会と東京都は取り組まなければならない。

孫基禎さんが受けた悲哀と屈辱を味わうようなスポーツマンを二度と生み出してはならな

い。小平奈緒と李相花のような、心の琴線に触れる光景を、二〇二〇年東京五輪でどれだけ見ることができるだろうか。たくさん見たいものである。

最後に、この出版にあたって、尽力していただきました社会評論社の松田健二社長、編集された本間一弥さん、並びに出版資金をカンパしてくださる篤志家を募っていただいた裵哲恩さんを始め、多くの皆様に心からの御礼を申し上げます。

また、私のゼミの学生であった韓侖希（ハン・ユンヒ）さんにはハングルの資料の翻訳で協力していただきました。御礼を申し上げます。

■孫基禎　年表

一九一二年八月二十九日	出生（平安北道新義州南敏浦洞　現・北朝鮮）
一九二八年	新義州若竹普通学校卒業
一九三一年	新義州代表として東亜日報社主催の京永（ソウル－永登浦）短縮 マラソン大会　二位入賞
一九三五年十一月三日	明治神宮マラソン大会　優勝 二時間二十六分四十二秒（当時非公認世界新記録）
一九三六年	ベルリン五輪マラソン　最終予選二位
一九三六年八月九日	ベルリン五輪マラソン　優勝 二時間二十九分十九秒（オリンピック新記録）
一九三七年	日本朝日新聞　体育賞受賞
一九三七年	普成専門学校（現高麗大学）入学
	明治大学法学部入学
一九四〇年	明治大学卒業
一九四〇年	朝鮮貯蓄銀行入行
一九四〇年	結婚（妻・姜福信　一九四四年死別）
一九四五年	朝鮮体育会　参与
一九四七年	第五十一回ボストンマラソンに監督として参加　徐潤福優勝
一九四八年四月	韓国体育会　副会長就任
一九四八年七月	ロンドン五輪本部役員として参加（韓国初）
一九五〇年	第五十四回ボストンマラソン監督として参加　一、二、三位独占

一九五一年	朝鮮紡績株式会社　常務理事就任
一九五二年五月	ヘルシンキ五輪大会参加
一九五六年九月	豊国製粉株式会社　代表取締役就任
一九六三年	韓国陸上競技連盟　会長就任
一九六四年十月	東京五輪　参観
一九六六年十二月	第五回バンコクアジア大会　韓国選手団長
一九六八年	国際陸上競技連盟（ＩＡＡＦ）功労賞受賞
一九七〇年	韓国国民勲章　モラン章受章
一九七二年八月	ミュンヘン五輪　特別招請参加
一九七三年	関釜（下関―釜山）フェリー　理事就任
一九七八年	東洋実業販売（株）　会長就任
一九八一年	第八十四次　バーデンバーデンＩＯＣ総会　一九八八年度ソウル五輪招致活動
一九八四年	ロサンゼルス五輪　聖火走者　開会式特別招請参加
一九八八年九月	ソウル五輪　聖火最終走者
一九九二年七月	バルセロナ五輪　参観
一九九三年	三星財団　顧問就任
一九九六年	オリンピック百周年記念アテネマラソン大会　特別招請参加
一九九九年	ベルリン五輪六十周年記念行事　参席
二〇〇二年十一月十五日	永眠

〔参考文献〕

『日章旗とマラソン』　鎌田忠良　潮出版社　一九八四年
『鳳仙花　ベルリン五輪の覇者・孫基禎の光と影』　清水洋光　皆美社　一九八四年
『ああ月桂冠に涙―孫基禎自伝』　孫基禎　講談社　一九八五年
『日の丸抹消事件を授業する』山本典人　岩波書店　一九九四年
『オリンピア―ナチスの森で』　沢木耕太郎　集英社　一九九八年
『孫基禎の歩んだ道』カン・ファング　孫基禎財団　二〇〇四年
『コリアンスポーツ〈克日〉戦争』　大島裕史　新潮社　二〇〇八年
『大島鎌吉の東京オリンピック』岡邦行　東海教育研究所　二〇一三年

資料編

■オリンピズムの根本原則
■スポーツと平和、オリンピズム　珠玉の言葉

「オリンピック運動は、すでに百二十年以上の年輪を重ね、二百六の国と地域が参加する全地球的な平和運動である。テレビを通じてオリンピック大会を視聴する人口は四十七億人（北京大会当時）を超えている。この大会を取材する報道陣は数万人に及ぶ。このように世界中の関心を集める永続的な平和運動は、他にまったく例を見ない。

それだけに、東西の政治権力はしばしば大会の悪用を企てる。一九八四年のロサンゼルス・オリンピックにも、米ソの冷戦が暗い影を落とした。

しかし人類が生存するかぎり、崇高な平和の理念を追求するオリンピック運動は、いつまでも永遠に、オリンピアの聖火とともに継承されてゆくだろう」

川本信正

（文中の数値は二〇一五年十二月現在のものに修正した）

■オリンピズムの根本原則

（オリンピック憲章　二〇一六年版から）

一、オリンピズムは肉体と意志と精神のすべての資質を高め、バランスよく結合させる生き方の哲学である。オリンピズムはスポーツを文化、教育と融合させ、生き方の創造を探求するものである。その生き方は努力する喜び、良い模範であることの教育的価値、社会的な責任、さらに普遍的で根本的な倫理規範の尊重を基盤とする。

二、オリンピズムの目的は、人間の尊厳の保持に重きを置く平和な社会の推進を目指すために、人類の調和のとれた発展にスポーツを役立てることである。

三、オリンピック・ムーブメントは、オリンピズムの価値に鼓舞された個人と団体による、協調の取れた組織的、普遍的、恒久的活動である。その活動を推し進めるのは最高機関のＩＯＣである。活動は五大陸にまたがり、偉大なスポーツの祭典、オリンピック競技大会に世界中の選手を集めるとき、頂点に達する。そのシンボルは五つの結び合う輪である。

四、スポーツをすることは人権の一つである。すべての個人はいかなる種類の差別も受けることなく、オリンピック精神に基づき、スポーツをする機会を与えられなければならない。オリンピック精神においては友情、連帯、フェアプレーの精神とともに相互理解が求められる。

五、スポーツ団体はオリンピック・ムーブメントにおいて、スポーツが社会の枠組みの中で営まれることを理解し、自律の権利と義務を持つ。自律には競技規則を自由に定め管理すること、自身の組織の構成と統治について決定すること、外部からのいかなる影響も受けずに選挙を実施する権利、および良好な統治の原則を確実に適用する責任が含まれる。

六、このオリンピック憲章の定める権利および自由は人種、肌の色、性別、性的指向、言語、宗教、政治的またはその他の意見、国あるいは社会のルーツ、財産、出自やその他の身分などの理由による、いかなる種類の差別も受けることなく、確実に享受されなければならない。

七、オリンピック・ムーブメントの一員となるには、オリンピック憲章の遵守およびIOCによる承認が必要である。

■スポーツと平和、オリンピズム　珠玉の言葉

＊ピエール・ド・クーベルタン（一八六三〜一九三七）

「オリンピックにおいて重要なことは、勝つことではなくて参加することである。人生において重要なことは、成功することではなく、努力することである。最も大事なことは、相手を打ち負かしたという事ではなくて、よりよく戦ったかどうかにある。このような教えを広めることによって、一層強固な、しかもより慎重にしてより寛大な人間を作り上げることが出来る」

「オリンピックは、単なる世界選手権ではない。それは平和と青春の花園である」

近代オリンピックの父。オリンピック復活を提唱して、一八九四年に国際オリンピック委員会を結成。一八九六年、アテネで近代オリンピックの第一回大会を開催した。

＊フィリップ・ノエル・ベーカー（一八八九〜一九八二）

「…私は、クーベルタン男爵自身の口から、オリンピックゲームの基礎となる二つの目的について

聞きました。その一つは、『国際戦争という汚らわしい苦悩を終結させることを、オリンピックムーブメントが援助すること』。二つ目には『スポーツやゲームという自己実現のための歓びを、全ての男女に与えること』でありました。ユネスコとIOCが、この偉大なキャンペーンを開始し、ユネスコとIOCの運動の大いなる目標とすることによって、我々、為政者達に、スポーツに対する思想の変化を求めねばならないと、私は確信しております。ユネスコとIOCは、我々為政者たちに「権力」の無力さを理解させなければなりません。ユネスコとIOCは、我々為政者たちに、政府の本当の任務は、人類の幸福であることを理解せしめねばなりません。ユネスコとIOCは、スポーツの持つ、勇敢さ、善意、寛大さ、優雅さを喚起させねばなりません。ユネスコとIOCは、「南北問題」についても主張しなければなりません。ユネスコとIOCは、貧困・飢餓を根絶するように運動を強めなければなりません。

そして、第三世界（南の貧しい国）の人々に対して、真の"Sport for All"の可能性を作り上げなければなりません。国連（ユネスコ）とIOCが協働して、この教育・啓蒙の巨大なキャンペーンに、この一、二年のうちに着手したならば、私はノルウェー政府に対して、この輝かしいIOCとユネスコに対して、ノーベル平和賞を授与するように提案することを強く求めます」

「この核の時代に在って、オリンピックは、人類最大の希望である」

一九八一年、IOC総会（於・バーデンバーデン）の基調講演
一九二〇年陸上男子千五百メートル銀メダリスト・一九五九年ノーベル平和賞受賞

＊キラニン男爵（マイケル・モリス　一九一四〜一九九九）

「世界のスポーツマンの連帯と協力で、近づくホロコースト（大虐殺）の危機を克服しよう」

第六代IOC会長（アイルランド）

＊モハメッド・アリ（一九四二〜二〇一六）

「俺はなんで一万マイルも離れた貧しい国まで出かけて行って、白人が有色人種を支配し続けるために人を殺し、国を焼き払うのを手助けしなければならないのだ」

（一九六七年良心的徴兵拒否で禁固五年、罰金一万ドル。BBCインタビューに応えて）

一九六〇年ローマ五輪ライトヘビー級で金メダル。プロ転向後、ヘビー級チャンピオン。徴兵拒否で有罪判決。四年後の一九七一年、連邦最高裁が有罪判決を破棄。アリがキャリアを犠牲にしてまで貫いた信念は全米に大きなインパクトを与えた。オットー・ハーン平和メダル（ドイツ）を受賞。パーキンソン病を患い、社会参加は困難になったが、一九九六年アトランタ五輪の聖火ランナーとして現れ、人びとを驚かせた。

＊ベラ・チャスラフスカ（一九四二〜二〇一六）

「私は、十一月十七日にプラハで起こったことに抗議します。残虐行為や暴力は、理性ある人々のすることにはなり得ません。私は、学生たちとともに団結します。……もう何回も人生の中で——私は堂々とした態度と勇気を示さねばなりませんでした——スポーツ選手として、また人間としても。今言わせてもらえるでしょう、私は卑怯者ではないのだと！」

「私たちの義務、それは、彼ら（学生）の味方をし、支えてやることです——すでに勇気を見出したなら——この状況に対して先頭に立つことです。暴力、おべんちゃら、嘘、そして偽善のない生活のために、戦うことです」

（一九八九年十一月二十四日　市民フォーラムに参集した大群衆を前に）

チェコの女子体操選手。一九六四年東京五輪で金メダル三、銀メダル一を獲得、「体操の名花」と称された。一九六八年チェコスロバキアの民主化運動（プラハの春）を支持して「二千語宣言」に署名。メキシコ五輪直前にソ連がプラハに侵攻して、出場が危ぶまれるなか、抗議の意志を示す濃紺のレオタードで演技し金メダル四と銀メダル二を獲得した。唯一優勝を逃した平均台のメダル授与式では、金メダルのソ連の国旗掲揚に顔をそむけた。執拗な迫害を受けたが、「二千語宣言」の撤回を最後まで拒否。一九八九年ビロード革命で復権した。

＊エミール・ザトペック（一九二二〜二〇〇〇）

「世界中の無数の誠実な人々と同じように、原子力戦争に反対する世界平和評議会のアピールを私は支持する。スポーツの分野での私の活動を通して、私は何時でも出来るだけ諸国民の間の友好と理解に力を尽くそうと努めてきた。原子力戦争の準備の内には、ただスポーツにおける幸福に対してだけではなく全人類に対する危険が含まれている事を感じて、私はすべての国々におけるスポーツマンや青年たちに次のアピールをする。

――大量破壊兵器の犠牲になることを避けるために最善の力を尽くそうではないか！　世界平和評議会のアピールに署名して、原子力エネルギーが人類虐殺に使われるのを防ぎ、それが全人類の福祉に使われるように努力しようではないか！　原子力戦争の準備をやめよ！　平和万歳！」

一九五五年三月「世界平和評議会」のアピールに呼応して

チェコの陸上選手。顔をしかめ、喘ぎながら走る姿から「人間機関車」と称された。一九四八年ロンドン一万メートル金、一九五二年ヘルシンキ五千メートル金、一万メートル金、マラソン金。チャスラフスカとともに「二千語宣言」に署名。迫害の後、一九八九年に復権。村社講平を尊敬した。

＊キャシー・フリーマン（一九七三〜）

「私はアボリジニであることを誇りに思っている。そしてこの勝利がすべてのアボリジニが自信を持てるような結果をもたらした。それは私自身の問題ではなく、アボリジニを代表しているのである」

一九九六年二月三日のインタビュー

一九九〇年に国際試合に勝利してから一線級の陸上選手として活躍。選手生活の傍ら、オーストラリアの先住民族アボリジニのスポーツ権獲得に尽力した。二〇〇〇年シドニー五輪四百メートルで金メダルを獲得。ウィニングランではオーストラリア国旗とアボリジニの旗の両方を身にまとって走った。

＊**何振梁**（ハ・ジェンリャン）

「今日の日中の友好関係の端緒は、一九六〇年代初頭に中国を訪問した日本の二人（荻村伊智朗・松崎キミ代）のスポーツ選手たちの、中国国内での、〝Fair Play〟に徹した戦いぶりと、戦いの後の選手たちの温かい抱擁によって切り開かれた。特に印象付けたのは、松崎キミ代さんのプレイであった。この松崎さんのプレイぶりは、周恩来首相によって大いに賞賛された。そのことが、中国国内に残っていた日本人に対する屈折した思いを払しょくすることに役立った」

「我々は日本や韓国の、そしてオリンピックを愛するすべての人々と一緒に喜んで行動する。我々はオリンピズムのより良き発展のために、それを見守り援助すべきである」

中国五輪委員会名誉会長、元ＩＯＣ副会長、明治大学名誉博士

荻村伊智朗（一九三二〜一九九四）

一九五〇年代から六〇年代にかけての日本卓球の黄金時代に、代表選手として数々の戦績を誇る。ピンポン外交の立役者として、スポーツによる国際相互理解に貢献。卓球をオリンピック種目にするために尽力した。一九九一年第四十一回世界卓球選手権（千葉）や大韓民国と朝鮮民主主義人民共和国の統一チーム結成に力を尽くした。（統一チーム女子団体優勝）

ＪＯＣ国際委員会委員長―長野五輪誘致、開催に尽力。オリンピック後、長野をアジアの冬季スポーツのセンターにするように提案。一校一国運動を展開―子供たちとオリンピック選手のふれあいを通して世界各国の歴史、文化を学ばせた。常にアジアに目を向け、スポーツによる相互理解と友好連帯を推進した。

松崎キミ代（一九三八〜）

専修大学。戦型はペン表ソフト前陣速攻型。荻村とともに日本卓球界の黄金時代を代表する女子選手のひとりであり、一九九七年にはその功績をたたえられ世界卓球殿堂入りを果たした。

『評伝 孫基禎』刊行に寄せて

二〇一五年は祖国光復七十周年と日韓国交正常化五十周年という節目の年でした。そして二〇一九年は、三・一運動が起こってから百周年を迎えます。この時期に、父の評伝が出版され、日韓の過去・現在・未来を見つめることは意義深いものがあります。

ご存知の通り、孫基禎は一九一二年、現在の北朝鮮平安北道新義州の貧しい家で生まれました。まともに学校も通えず、苦しみに耐えながら夢を追いかけて、自分の能力を生かして走ることに専念し、ついに一九三六年第十一回ベルリンオリンピックマラソンで日の丸をつけて走り世界の頂点に立ったのです。

私は、日本全国の小・中高等学校から、孫基禎の記録を中心にして日韓の問題を勉強したいと声をかけられています。

それは、共に考えることの始まりです。オリンピックの男子マラソンで日本と韓国は一度金メダルを獲得しました。日本はいつの大会ですかと問いますとほとんどが分かりません。そこで一九三六年ベルリンオリンピックと一九九二年バルセロナオリンピックのマラソン映像をみてから孫基禎の歩みを語ります。子供たちに、「映像の通り、日本と韓国が一度優勝したが、日本人が勝った記録はありません」「韓国人は二度勝ちました」と言うと、理解が出来ないのが現実です。

この度、出版されますこの冊子は、「民族」とは、「平和」とは、「国際友好」とはなにかということについて、それぞれが考える手本であると信じます。

この評伝を通じて、改めて日韓の歴史を再確認しながら、二〇二〇年の東京オリンピック大会がオリンピック憲章に則ってスポーツを通した世界平和のためにより一層寄与し、成功することを祈願します。

二〇一九年三月

孫　正寅

●賛助団体・個人一覧

本書は下記の団体及び方々の賛助により発刊されました。感謝を申し上げます。（順不同、敬称略）

在日本大韓民国民団東京本部（金秀吉団長）
在日本大韓民国民団神奈川本部（李順載団長）
在日本大韓民国民団広島本部（李英俊団長）
在日本大韓民国民団横浜支部（高友秀団長）
在日本大韓体育会
在日本大韓民国婦人会中央本部（朴善岳会長）
韓日親善協会中央会
在日韓国人本国投資協会有志
在日韓国人本国会
東京慶尚南道道民会
明治大学校友会大韓民国支部
明治大学韓国社会文化研究会ＯＢ有志

崔相英、尹久次、黄昌吉、呉華燮、築山祐子、沈勝義、黄正吉、鄭吉男、原山道崇、李民皓、金源柱、
李明守、申二三男、朴康徳、中村　進、金昌世、大竹史隆、呉文子、李明浩、丁海龍、安度栄、韓一星、
陳賢徳、河政男、韓賢澤、梁東一、金根成、裵篤洙、李春道、孫哲鎬、李智永、朴安淳、韓在銀、許孟道、
秋葉政幸、趙洸来、尹昌基、金成日、辛容祥、安容範、薜幸夫、裵漢洙、豊田正彦、遠藤靖夫、丁栄哲、
金鐘保、木谷道宜、左玉花、朴昭男、張順秋、姜明運、金京必、張文煥、韓侖希、郭成浩、文春子、
山城幸松、裵成烈、高　憲、金宗洙、李正治、呉昌淳、河鉄也、尹泰賢、洪政國、趙順伊、金英淑、
金漢翊、呉公太、李秀夫、林三鎬、尹明遠、鄭相憲、河在龍、任泰洙、金利中、李根茁、金宰淑、
金世振、崔光礎、牟浩一、金誠一、金亮秀、裵哲恩

◎著者紹介

寺島善一（てらしまぜんいち）明治大学名誉教授

1945年　名古屋市生まれ
1968年　東京教育大学卒　名古屋学院大学助手・講師
1974年　明治大学専任講師　1979年明治大学助教授
1982年～1983年
英国 Brunel University（元 West London Institute of Higher Education）客員研究員
1984年　明治大学教授
1998年、2006年　英国 St. Mary's University 客員教授
2016年　明治大学名誉教授

著書「リベラルアーツと大学の自由化」（共著）明石書店
「境界を超えるスポーツ」（共著）創文企画
「現代のスポーツ百科事典」（共著）大修館書店
「『身体・スポーツ』へのまなざし」風間書店

翻訳「現代社会とスポーツ」Peter C McIntosh 著　大修館書店
「スポーツの世界地図」Alan Tomlinson 著　丸善出版

評伝 孫基禎
スポーツは国境を越えて心をつなぐ

2019年4月10日　初版第1刷発行

著　者――――寺島善一
装　幀――――右澤康之
発行人――――松田健二
発行所――――株式会社 社会評論社
東京都文京区本郷 2-3-10
電話：03-3814-3861　Fax：03-3818-2808
http://www.shahyo.com
組　版――――Luna エディット .LLC
印刷・製本――倉敷印刷 株式会社
Printed in japan

呉文子

記憶の残照のなかで

ある在日コリア女性の歩み

四六判二五六頁　定価：本体一八〇〇円＋税

一人の女性として真摯に「在日」の課題や命題と取り組んだ半生記。在日コリア女性として八〇年。出会いと別れを惜しみなく綴るうちに、自分史の核心に近づいた——。呉文子さんにとって、父・関貴星氏を語ること、夫・李進熙氏を想うことは、日本社会に長々と横たわる〝現代史〟の問題を訴える方法だった。

石山春平

ボンちゃんは82歳、元気だよ！

あるハンセン病回復者の物語り

四六判二二四頁　定価：本体一七〇〇円＋税

今も根強い差別・偏見の社会にあって、その半生が筆舌に尽くしがたいものであることは疑いない。だが石山は決して暗くは語らない。責めるニュアンスも感じない。それどころかシリアスな語りの最後には、必ず笑いを織り交ぜる。加害の負い目に救いをもたらし、共に生きたいという気持ちにさせる。映画『あん』主演女優・樹木希林さん推薦。